RENÉ GIRARD
DIÁLOGOS

É Realizações
Editora

Copyright da edição
brasileira © 2016
É Realizações Editora

Editor
**Edson Manoel de
Oliveira Filho**

Coordenador da
Biblioteca René Girard
**João Cezar de Castro
Rocha**

Produção editorial e capa
É Realizações Editora

Preparação de texto
Clarice Lima

Revisão
**Geisa Mathias de
Oliveira**

Design Gráfico
**Alexandre Wollner
Alexandra Viude**
Janeiro/Fevereiro 2011

Sobrecapa
**A2/Helena Mika
Matsuzake**

É Realizações Editora,
Livraria e Distribuidora Ltda.
Rua França Pinto, 498 -
04016-002 - São Paulo, SP
Caixa Postal: 45321 -
04010-970 - Telefax:
(5511) 5572 5363
e@erealizacoes.com.br
www.erealizacoes.com.br

Proibida toda e qualquer
reprodução desta edição
por qualquer meio ou
forma, seja ela eletrônica
ou mecânica, fotocópia,
gravação ou qualquer
outro meio de reprodução,
sem permissão expressa
do editor.

Este livro foi impresso
pela gráfica Arvato, em
maio de 2016. Os tipos
são da família Rotis Serif
Std e Rotis Semi Sans
Std. O papel do miolo é
Off White Pólen Soft 80 g,
da capa, cartão Ningbo Star
250 g, e o da sobrecapa
couchê 150 g.

CIP-Brasil. Catalogação-na-Publicação
Sindicato Nacional dos Editores de Livros, RJ

M611

Mímesis e invisibilização social : a interdividualidade coletiva latino-
americana / organização Carlos Mendonza-Álvarez, José Luís Jobim,
Mariana Mendéz-Gallardo; tradução Simone Campos. - 1. ed. - São
Paulo : É Realizações, 2016.
224 p. ; 21 cm. (Biblioteca René Girard)

Inclui índice
Tradução de palestras publicadas na língua original
ISBN 978-85-8033-246-9

1. Epistemologia social. 2. Abordagem interdisciplinar do
conhecimento. I. Mendonza-Álvarez, Carlos. II. Jobim, José Luís.
III. Mendéz-Gallardo, Mariana. IV. Campos, Simone. V. Série.

16-32604   CDD: 121
            CDU: 165

26/04/2016   28/04/2016

RENÉ GIRARD
DIÁLOGOS

mímesis e invisibilização social
a interdividualidade coletiva latino-americana

Organizadores:
Carlos Mendoza-Álvarez
(Universidad Iberoamericana Ciudad de México)
José Luís Jobim
(Universidade Federal Fluminense)
Mariana Mendéz-Gallardo
(Universidad Iberoamericana Ciudad de México)

tradução Simone Campos

É Realizações
Editora

Esta edição teve o apoio da Fundação Imitatio.

INTEGRATING THE HUMAN SCIENCES

Imitatio foi concebida como uma força para levar adiante os resultados das interpretações mais pertinentes de René Girard sobre o comportamento humano e a cultura.

Eis nossos objetivos:

Promover a investigação e a fecundidade da Teoria Mimética nas ciências sociais e nas áreas críticas do comportamento humano.

Dar apoio técnico à educação e ao desenvolvimento das gerações futuras de estudiosos da Teoria Mimética.

Promover a divulgação, a tradução e a publicação de trabalhos fundamentais que dialoguem com a Teoria Mimética.

sumário

9
prefácio
Carlos Mendoza-Álvarez, José Luís Jobim, Mariana Méndez-Gallardo

15
introdução
Mario Roberto Solarte Rodríguez

parte I
teoria mimética e América Latina

31
capítulo 1
sobre a invisibilização do outro. uma recepção latino-americana de Levinas e Girard
Carlos Mendoza-Álvarez

51
capítulo 2
teoria mimética na América Latina? uma reflexão sobre a leitura shakespeariana das culturas
Mariana Méndez-Gallardo

59
capítulo 3
interdividualidade coletiva e formas da invisibilidade: Brasil e México
João Cezar de Castro Rocha

79
capítulo 4
a emulação produtiva: Machado de Assis e a cultura latino-americana, segundo João Cezar de Castro Rocha
José Luís Jobim

parte II
narrativas da invisibilização

97
capítulo 5
os paradoxos da mímesis em tom pessoal
Panagiotis Deligiannakis

105
capítulo 6
imaginação graduada em consciência: as circunstâncias da cultura e a efêmera potência das margens
Pedro Meira Monteiro

123
capítulo 7
testando limites: interdividualidade coletiva nos romances da selva e da seca
Victoria Saramago

parte III
invisibilização social
das culturas

216
índice analítico

221
índice onomástico

153
capítulo 8
a interdependência
das culturas
indígenas
mesoamericanas
como verdade
romanesca
Roger Magazine

179
capítulo 9
do corpo ayuujk
ao corpo indígena.
Mímesis, alteridade
e sacrifício na Sierra
Mixe
Emiliano Zolla Márquez

195
capítulo 10
Al Andalus no
exílio: andanças
de mouriscos e
marranos
Silvana Rabinovich

205
posfácio
culturas
shakespeareanas:
uma ideia no meio
do caminho
João Cezar de Castro
Rocha

213
sobre os autores

prefácio
Carlos Mendoza-Álvarez, José Luís Jobim, Mariana Méndez-Gallardo

Hoje existe, internacionalmente, uma espécie de consenso sobre a importância da interdisciplinaridade ou, mais recentemente, da transdisciplinaridade. Na prática cotidiana das universidades e das agências governamentais com as quais elas se relacionam, contudo, a realidade é geralmente outra, embora todas declarem ser favoráveis à inter ou à transdisciplinaridade.

Nas instituições universitárias, desde muito tempo, há uma divisão em departamentos que não é apenas administrativa. Os departamentos são concebidos como grandes agregados de disciplinas que cobrem determinados campos. Por extensão, a distribuição dos professores é feita de acordo com as disciplinas que lhes são atribuídas, aquelas nas quais eles são "especialistas", cujos conteúdos eles dominam e, portanto, podem ensinar. Pressupõe-se uma totalidade de informação e conhecimento da qual cada disciplina é uma parte a ser ministrada ao longo de cada curso. Porém, essa imagem de "totalidade" já começa a ficar prejudicada pela própria insulação em que os especialistas e as disciplinas são colocados. Pelas regras do jogo, cada "especialista" tem autonomia para falar apenas de "sua" disciplina, e evitar entrar na seara alheia, embora sempre se possa perguntar: – Onde estão os marcos imaginários que delimitam as searas?

Este livro vai contra a ideia positivista de divisão do saber em áreas demarcadas, que presume uma representação de estabilidade do conhecimento bastante questionável, pois, mesmo no âmbito disciplinar, a imagem de continuidade, permanência, reprodutibilidade e, por consequência, estabilidade do saber, vem sendo posta em xeque. Assim, ao reunirmos pesquisadores oriundos de áreas diversas (Filosofia, Antropologia, Ciência da Religião, Letras, etc.) para discutir *mímesis* e invisibilidade social, tivemos a oportunidade de criar um espaço de discussão que não pertenceu exclusivamente a nenhum dos campos de trabalho originais dos pesquisadores envolvidos.

No que diz respeito a *mímesis*, sabemos que este é um termo conceitual com uma longa história, tanto na filosofia quanto nos estudos literários. Sabemos o tributo que o termo (do qual derivam os vocábulos *imitação* e *mimético*) paga à *Poética,* de Aristóteles. De fato, um dos mais qualificados intérpretes daquela obra do Estagirita, Paul Ricoeur, em sua interpretação da *Poética,* afirma que os dois termos-chave, *mythos* e *mímesis,* devem ser entendidos como *operações* e não como *estruturas.* Ricoeur também prefere traduzir *mythos* por *intrigue,* o equivalente a *plot* (em inglês) ou a enredo (em português). Ele propõe que se entenda a famosa passagem do capítulo 6 atribuindo a *mythos* o significado de *"a organização dos fatos* em sistema" (è tôn pragmatôn sustasis).¹ O grifo é nosso, mas corresponde ao destaque dado por ele a essa expressão, que marca o caráter operante de todos os conceitos da *Poética*. O próprio conceito de *mímesis*, que Ricoeur considera o único abrangente na *Poética*,² é analisado pelo prisma de *imitação* ou *representação da ação*, de tal maneira que Ricoeur formulará a hipótese de uma quase identificação entre as expressões: *imitação* ou *representação da ação* e *organização dos fatos*. Neste nosso livro, a abordagem do fenômeno da *mímesis* privilegiará a teoria mimética, tal como ela foi desenvolvida pelo pensador francês René Girard, de cujas ideias têm-se apropriado com especial intensidade os autores latino-americanos. Os ensaios aqui reunidos, direta ou indiretamente, lidam com uma dessas apropriações, a saber, o conceito de *interdividualidade coletiva*, proposto por João Cezar de Castro Rocha.³

Se a imitação ou a representação são atividades miméticas, ao produzir a organização dos fatos pela elaboração do enredo, então, quando cada um de nós conta a outra pessoa o que lhe aconteceu, está produzindo uma narrativa, que implica uma certa imitação ou representação de nossas ações, as quais são assim organizadas e recebem sentido numa configuração construída verbalmente.

---

[1] Paul Ricoeur, *Temps et Récit*, t. 1. Paris, Seuil, 1983, p. 57.
[2] Ibidem, p. 58-9. "La *Poétique* d'Aristote n'a qu'un concept englobant, celui de mimèsis".
[3] Para uma definição do conceito, recomendamos o artigo de Castro Rocha neste livro. De imediato, assinalamos que esse conceito situa no plano coletivo a centralidade radical do outro na determinação do eu. Tal nível caracteriza as culturas shakespearianas, conceito igualmente proposto por Castro Rocha no livro *¿Culturas Shakespearianas? Teoría Mimética y América Latina*. México, D.F., Universidad Iberoamericana/ITESO, 2014.

Contar uma história ou compreendê-la sempre é ir além da suposta individualidade pessoal do escritor ou do leitor: é fazer uso da herança cultural em que se enraíza a própria existência da narrativa, como uma forma possível de dar sentido ao real. Pressupõe o conhecimento dos meios e modos de produzir sentido em determinada cultura.

Tornar-se um narrador, assim, significa adquirir domínio dos meios e modos de produzir sentido em determinada cultura, não apenas de um uso particular da língua.

O narrador deve conhecer previamente os modelos discursivos nos quais sua própria narrativa se constrói; deve conhecer o que pode ser reconhecido como história pelo público a que se dirige.

O narrador lida não somente com normas, funções e valores sociais, mas também com a maneira como estes são representados, pois os próprios processos de representação são elaborados culturalmente e transformam-se em uma regra geral de objetividade, a partir da qual são possíveis outras operações narrativas. Por tudo isso, a investigação do papel do narrador e o da narrativa teria tudo para se transformar em objeto de interesse para os pesquisadores das chamadas Ciências Humanas.

Hoje também sabemos que devemos dar especial atenção para as narrativas articuladas a partir das vozes dos invisíveis. Nesse sentido, a teoria girardiana é particularmente importante, dada a análise aguda que faz do potencial violento implícito no ato mimético; tal violência costuma manifestar-se por meio de técnicas de exclusão e invisibilização.

A grave crise social de invisibilização do outro pela qual todas as culturas passam atualmente está chegando à sua mais alarmante expressão nos últimos tempos ao adquirir dimensões sistêmicas nos grupos mais vulneráveis de nossas sociedades. Por exemplo, os imigrantes que cruzam territórios e mares, acabando por ser capturados por redes de crime organizado, muitas vezes mancomunados com autoridades locais, regionais, nacionais e internacionais. Mas também os povos originários que se engajam na defesa de seus territórios, defrontando-se com políticas públicas e privadas avalizadas pelos estados extrativistas em todo o planeta. De maneira análoga, os movimentos de juventude que reivindicam em tantas nações o direito à educação universitária e a sua contribuição para a criação de conhecimento e riqueza, rechaçando a manipulação dos sistemas educacionais para produzir técnicos a serviço das multinacionais. E, finalmente, podemos mencionar também os movimentos de cidadania que se opõem a um modelo de sociedade que trata como imprestáveis as multidões que não ingressam na cadeia interminável de imitação do mercado, com sua lógica implacável de desejo-produção-imitação-consumo.

Este livro é fruto de múltiplos debates e reflexões realizadas por um grupo latino-americano interdisciplinar de teoria mimética que coloca em debate a pertinência, assim como a urgência, de pensar este crescente fenômeno de violência social na aldeia global. Sua finalidade essencial é elaborar critérios para a compreensão desse fenômeno, bem como pistas para gerar e acompanhar novas práticas a partir das quais prevaleçam a justiça, a equidade, a democracia e a prestação de contas. Trata-se de formular narrativas da reconstituição do tecido social, retomando sabedorias populares que permitam a superação dos conflitos e a edificação de sociedades inclusivas em que os outros se tornem visíveis e reconhecíveis em sua dignidade e diferença.

Compreender *a interdividualidade coletiva* como categoria crítica proposta pela teoria mimética na América Latina oferece ideias às nossas comunidades acadêmicas e culturais, movimentos civis e demais atores da mudança social que visam superar o momento crítico em que estamos imersos, um que desfigura o rosto dos mais vulneráveis ao mesmo tempo que estilhaça a centelha de humanidade em nossas sociedades.

introdução
Mario Roberto Solarte Rodríguez

Cabe-me apresentar este livro, *Mímesis e Invisibilização Social: a Interdividualidade Coletiva Latino-Americana*, organizado por Carlos Mendoza-Álvarez, José Luís Jobim e Mariana Méndez-Gallardo, da Universidad Iberoamericana / Ciudad de México e da Universidade Federal Fluminense, meses depois do desaparecimento de 43 estudantes da Escuela Normal Rural de Ayotzinapa, um caso em que houve atuação relativamente rápida das autoridades, sem que isso se traduzisse em respostas sobre o destino dos estudantes convertidos em vítimas.

Este livro trabalha o problema da *invisibilização* do outro, que não pode ter maior expressão que a barbárie de fazê-lo desaparecer. E escrevo em um país, a Colômbia, que fica a meio caminho entre o México e o Brasil – de onde são quase todos os autores dos textos –, que conta com um registro oficial de 45.133 pessoas desaparecidas. Atualmente, lidero uma investigação (*Memorias de Futuro en el Magdalena Medio*) que explora as possibilidades da memória para a reconstrução da vida das vítimas do grande conflito interno que nós, colombianos, temos vivido em nosso país; se as 6.163.315 pessoas que foram obrigadas a sair de suas terras constituem o mais grave dos problemas que tornam esta guerra interminável, a reparação aos familiares dos desaparecidos parece um feito impossível. Diferentemente dos familiares das 263.245 pessoas que perderam a vida nesta guerra, aqueles que sobreviveram aos desaparecidos nunca terminam de viver seu luto, pois, na maioria dos casos, não houve nem haverá cadáveres, já que os vitimadores dedicaram extremo cuidado a eliminar os corpos, cortando-os em pedacinhos e atirando-os aos rios que sulcam a bela geografia daquele fértil país. Em um contexto em que os meios de comunicação e o governo preferem destacar os avanços do país nos acordos de paz e em seu desenvolvimento econômico, parece que o mecanismo sacrificial está destinado a invisibilizar milhares de pessoas, as quais não só desapareceram como também foram reduzidas ao desconhecimento [*méconnaissance*].

Portanto, se por um lado o livro trabalha de forma muito equilibrada diversos paradoxos da identidade latino-americana, insistindo nas formas pelas quais os grupos sociais vulneráveis são levados à invisibilidade, por outro escrevo a partir do abismo profundo de uma memória impossível: a das vítimas efetivas de uma violência implacável que busca tornar impossível qualquer visibilidade de suas existências.

Assim como se buscou neste livro explorar a categoria de *interdividualidade* proposta por René Girard, agora em sua dimensão coletiva, como uma categoria crítica capaz de jogar luz sobre diversos processos sociais, nós temos trabalhado a categoria de *comunidades de memória*, proposta pelo filósofo basco Xabier Echeverria. Ademais, como bons filhos de Shakespeare, segundo nos convida a reconhecer João Cezar de Castro Rocha em seu livro *¿Culturas Shakespearianas? Teoria Mimética y América Latina* pensamos o que foi feito e vivido no País Basco a partir das experiências de pessoas e de nossas comunidades.

Este livro é composto de três partes. A primeira se chama "Teoria Mimética e América Latina". Seu primeiro capítulo está a cargo de Carlos Mendoza-Álvarez e se chama "Sobre a Invisibilização do Outro. Uma recepção Latino-Americana de Levinas e Girard". Carlos Mendoza-Álvarez considera que a invisibilidade é construída a partir de olhares hegemônicos, aos quais contrapõe as teorias de Levinas e Girard, que evidenciam os processos de totalização e de sacralização como mecanismos de invisibilização do outro. À diferença de Levinas, Girard desenvolve uma interpretação da Bíblia como revelação dos mecanismos violentos que configuram todas as culturas no desconhecimento. Para além do messiânico pensado por Levinas, Girard desenvolve um pensamento apocalíptico que culmina na cruz, na qual não apenas morre Cristo, como também o sagrado. O crepúsculo dos deuses desata rivalidades que tendem a escalar violências cada vez mais extremas, que ameaçam aniquilar a humanidade. Porém, diferentemente do sagrado, a morte de Cristo revela a inocência das vítimas como única verdade que pode pôr fim a essa escalada aos extremos. Além dessas aproximações entre filosofia e teologia, Carlos Mendoza--Álvarez explora algumas das formas como essas teorias têm sido reconhecidas em nosso meio.

O segundo capítulo, "Teoria Mimética na América Latina? Uma reflexão sobre a leitura shakespeariana das culturas", está a cargo de Mariana Méndez-Gallardo. Ela se concentra em analisar a contribuição de João Cezar de Castro Rocha em seu livro ¿*Culturas Shakespearianas? Teoria Mimética y América Latina*, considerando que ela está em elaborar a pergunta: é possível esboçar uma contribuição propriamente latino-americana à teoria mimética? Com isso, propõe uma nova leitura sobre a teoria mimética de

Girard, que leva a uma melhor compreensão das culturas, inclusive das latino-americanas. A autora vê duas limitações no livro; a primeira é trabalhar a partir de um pensador, Girard, que faz apologia do cristianismo. Sobre esta apreciação devo dizer que, se fosse este o caso, seria uma apologia amplamente fundamentada e discutida com diversas tradições contendoras. Segundo Girard, as culturas contêm a violência no duplo sentido da palavra conter; e é assim desde que a humanidade moderna emergiu das profundezas da história. A Bíblia é uma novidade dentro da história das culturas porque é a revelação de um Deus que não é fruto do mecanismo de construção cultural compartilhado pela humanidade: de um Deus das vítimas, não dos vitimadores, um que não tem por função legitimar a ordem social, mantê-la coesa, ou servir de projeção aos sonhos e frustrações das classes oprimidas, mas, sim, de alguém que tomou partido a favor das vítimas, tornando-se Ele mesmo vítima, para revelar o caráter sacrificial das culturas. Deste modo, ao pôr em evidência a lógica das religiões, a Bíblia desencadeou um duplo processo de libertação dos sujeitos do jugo do sagrado e de desestruturação dos resquícios desse sagrado, esses núcleos violentos que constituem toda cultura; abriu assim a possibilidade de *mímesis* positivas por meio das quais as pessoas possam sair da lógica implacável das culturas e de suas instituições e aprender a viver em comunidades de boa vontade e responsabilidade mútuas, renunciando à violência.

A outra limitação se refere à necessidade de uma teoria da arte ou uma estética no pensamento de Girard, ou na teoria mimética em geral, pois a força da emulação aparece, sobretudo, na arte e em sua capacidade de imaginar alternativas em situações de assimetria, a qual reúne um conjunto de procedimentos utilizados pelos inventores e pelos criadores que se encontram em tais situações.

João Cezar de Castro Rocha contribui para esta seção com o texto "Interdividualidade Coletiva e Formas da Invisibilidade: Brasil e México". Ele explica que *a interdividualidade coletiva* latino-americana é uma fenda, ou uma oscilação permanente, caracterizada por sua instabilidade; como já mencionamos, as formas contemporâneas de violência tornam-se extremas pela ausência de estruturas formais e institucionais de controle da rivalidade. Essa insuficiência de mecanismos de controle da rivalidade se vê expressa nas selvas e territórios onde o Estado não tem muita presença, como expressão da cobiça nua e crua, pela "maldade que está na nossa alma"; mas, paradoxalmente, onde também existe um Estado incipiente, com todo o peso de sua violência legitimada. A violência, portanto, corta dos dois lados. Além dessas polaridades, encontramos em nossa América uma dupla simetria geradora de violência, o estado corrupto e o crime organizado; deste modo, na América Latina a violência é um dado estrutural, local onde apenas despontam ilhas de modernidade (com as formas de violência instituídas precisamente pela modernidade). Para compreender os paradoxos de nossa identidade, João Cezar de Castro Rocha lembra Carlos Pereda, para quem o colonizado confia na experiência da segunda pessoa, ao amparo da terceira, enquanto para o colonizador existe ele e só ele. Assim, os projetos nacionais do século XIX foram esquizofrênicos, com contradições inenarráveis: estados democráticos que só reproduziam o colonialismo sob nova direção. Dos duplos simétricos de Girard, João Cezar de Castro Rocha passa às duplas assimetrias que nos constituem: construir-se à sombra do outro, europeu ou norte-americano; depender de centros de poder cultural, como se isso fosse natural. E o que se desconhece na constituição do latino-americano? Que a construção dessa identidade cimentou-se na exploração sistemática de outros, de indígenas, de negros, de mestiços híbridos e impuros, a quem se desconheceu sua dignidade e seus direitos. O outro estrangeiro foi divinizado e o outro interno foi invisibilizado, quase reduzido à condição de objeto por uma dominação levada ao extremo. João Cezar de Castro Rocha termina sua reflexão questionando a naturalização dessa violência, que explica por meio de uma visibilização débil: tornar visível ocultando e excluindo, como no caso das tentativas classificatórias da mestiçagem na América colonial. Este ver que desconhece o que se tem à frente encobre o desprezo vitimário. É esse o duplo vínculo que origina a América Latina, que parte de uma certa visibilidade para produzir a invisibilidade.

Encerra esta seção o texto de José Luís Jobim, "A Emulação Produtiva: Machado de Assis e a Cultura Latino-Americana, Segundo João Cezar de Castro Rocha". José Luís Jobim compara os dois livros mais recentes de João Cezar de Castro Rocha, *Machado de Assis: por uma Poética da Emulação* e *Culturas Shakespearianas?*, a partir do conceito de emulação. O primeiro trata da obra de Machado de Assis, que propõe a emulação contra a ideia romântica de originalidade do autor. Essa emulação reintroduz um diálogo com uma tradição dentro da qual se faz possível introduzir contribuições ou novidades. Procedimento semelhante empregou Shakespeare, que se apropriou de diferentes fontes da tradição para criar sua obra. O adjetivo *shakespearianas*, atribuído às culturas da América Latina, refere-se basicamente ao modo de produção de Shakespeare. Para Castro Rocha, o conceito de invenção designa um diálogo com autores contemporâneos e anteriores, enquanto a criação tem como referência uma concepção romântica de surgimento da obra a partir de um autor autossuficiente. A invenção shakespeariana seria a marca das culturas da América Latina. Esta crítica à autonomia do sujeito é realizada por Girard desde sua primeira obra, e remete a um *altercentrismo*, que explica a subjetividade pela articulação social. As culturas latino--americanas são formas particulares deste altercentrismo, e uma história cultural latino-americana, pensada a partir da teoria mimética, deveria ser a reconstrução do processo pelo qual o alheio se transforma no próprio. Para Jobim, o que se enfatiza no sintagma *culturas shakespearianas* é o trabalho crítico na apropriação da herança. A poética da emulação é uma forma propriamente latino-americana de lidar com a presença ineludível do mediador, de pensar numa autodefinição da própria identidade que conscientemente parte da centralidade do alheio. O próprio das culturas não-hegemônicas é a emulação produtiva, que se apropria do outro hegemônico, transformando-o em uma ocasião para dar forma a identidades sempre mais ontologicamente poliglotas.

A segunda parte se chama "Narrativas da Invisibilização". Seu primeiro capítulo foi escrito por Panagiotis Deligiannakis e intitula-se "Os Paradoxos da Mímesis em Tom Pessoal". Deligiannakis remonta à leitura da obra de João Cezar de Castro Rocha como sua fonte na teoria mimética de René Girard, isto é, a seus diálogos com grandes figuras da cultura ocidental, das quais sua teoria mimética parece se desprender, dando saltos muitas vezes geniais e inovadores. Assim, no conceito de mímesis, o que lhe interessa é o salto para o desejo coletivo, o altercentrismo e a interdividualidade. O autor encontra em Girard três intuições paradoxais, que desenvolve na ampla cadeia de raciocínio que constitui sua obra. A primeira se encontra em *Mensonge Romantique et Vérité Romanesque* (1961), ao mostrar a geometria do desejo: o desejo é mimético e, vale dizer, coletivo; ao produzir a tensão gerada pela posse dos objetos de desejo, faz irromper a rivalidade. Assim, se questiona a mentira do romantismo que ainda domina os imaginários ocidentais: a existência de indivíduos autônomos e autossuficientes.

A segunda intuição paradoxal provém de *La Violence et le Sacré* (1972), obra que expõe o sacrifício como mecanismo de controle da violência, que se institucionaliza nas culturas através do sagrado. Deligiannakis encontra a terceira intuição paradoxal em *Des Choses Cachées Depuis la Fondation du Monde* (1978), no qual o discurso mostra a contraparte do sagrado no saber bíblico, que revela a injustiça cometida contra a vítima e expõe a estrutura do desconhecimento [*méconnaissance*] do mecanismo fundador das culturas. Finaliza o texto mostrando que, assim como Castro Rocha dialoga diretamente com Girard, este, por sua vez, dialogou com diversas fontes, produzindo um discurso aberto a uma interação produtiva entre vários saberes e disciplinas.

Pedro Meira Monteiro escreve o segundo capítulo dessa parte; chama-se "Imaginação Graduada em Consciência: as Circunstâncias da Cultura e a Efêmera Potência das Margens". Seu texto retoma o conceito de emulação como um fenômeno capaz de criar e recriar significados, em uma simbiose entre pensamento e imaginação. Nas palavras de Meira, o bom escritor é um bom leitor, capaz de buscar no texto alheio o grão de sua própria verdade, que algumas vezes será desconcertantemente parecida com a verdade do outro, que ele ou ela emula. Portanto, mais do que como simples reprodução mimética, a emulação é postulada como produção a partir do outro; isso não se resume ao problema da produção literária, artística ou intelectual, mas ao próprio sujeito, que só constrói sua própria imagem a partir do olhar do outro. Chegamos assim à teoria mimética de René Girard, para quem o desejo mimético contém o elemento da apropriação, que se materializa no enfrentamento violento e que, em última instância, e através do contágio propriamente mimético, não pode senão levar a comunidade em vias de dissolução à criação de um culpado que deve ser sacrificado. Finalmente, Meira se pergunta sobre as "culturas shakespearianas", que, se por um lado falam das relações que os países do Sul mantêm com os do Norte, também falam do modo de produção de Castro Rocha, que é muito criativo permanecendo fiel a Girard e a outros pensadores de alto calibre. Meira encerra seu texto questionando se a proposta da emulação shakespeariana como propriedade do pensar subalterno, afinal, não se trata mais exatamente da origem de todo pensamento?

O último capítulo dessa parte, "Testando Limites: Interdividualidade Coletiva nos Romances da Selva e da Seca", fica a cargo de Victoria Saramago e trabalha a partir de três romances latino-americanos: *A Voragem*, do colombiano José Eustasio Rivera, publicado em 1924; o venezuelano *Canaima*, publicado em 1935 por Rómulo Gallegos; e *Vidas Secas*, do brasileiro Graciliano Ramos, publicado em 1938. Na primeira parte do texto, a autora propõe que tais romances devoram seus personagens, junto com seus argumentos e as expectativas dos leitores; são, portanto, antropofágicos. Os três romances foram publicados em datas próximas ao "Manifesto Antropófago", de Oswald de Andrade (1928), que propõe que nossas culturas, em lugar de meramente dependerem, devem se apropriar do pensamento das metrópoles para gerar um produto cultural novo, uma potência inesperada. Para Saramago, os três autores em questão realizaram uma emulação dos romances do século XIX, selecionando e reativando partes de seus argumentos, mas isso não os levou a uma reconfiguração do romance, e sim ao impedimento da trama, seja por inanição, esgotamento ou ruptura; parece, portanto, que a emulação termina na imolação no altar do romance, no qual se dissolvem todos os seus elementos. Na segunda parte, ela emprega o conceito de emulação para analisar esses romances. Em *A Voragem*, a selva destrói a vida dos personagens, o que implica engolir o argumento do próprio romance; isso continua até as árvores assumirem a função de sujeitos das frases, forma pela qual imitam os seres humanos para superá-los e imolá-los. Em *Canaima*, aquilo que parece uma narrativa atual que apresenta o desafio de articular a selva ao nacional acaba removendo seu personagem de seu mundo humano civilizado e o prendendo e amalgamando a uma selva inumana, satânica (a selva de Canaima). Em *Vidas Secas*, uma narrativa seca descreve um estado de seca, que serve de base à narração da vida interior dos personagens, pensando contra sua miséria, sempre como se a seca controlasse o argumento. Assim, Victoria Saramago sustenta que nesses romances a natureza é tratada como um personagem, quando não se pode atribuir a ela nenhum caráter individual nem interdividual, pois carece de desejo mimético; mas, ali onde Saramago encontra um ponto cego, um limite à teorização de Castro Rocha, podemos nos perguntar se em lugar desse ponto cego não estamos diante de uma nova mitologia claramente vislumbrável no caráter demoníaco da natureza, configurando assim uma contribuição estética. Para finalizar, Saramago se pergunta a respeito de como ler esses romances no contexto do antropoceno, ou seja, num planeta marcado pela ação humana, a qual leva à atual crise ecológica e parece ultrapassar a teoria mimética; mas, frente a essa questão, é preciso recordar que, com sua abordagem apocalíptica, Girard adverte que a violência humana, levada aos extremos, lança a pergunta urgente sobre a possibilidade de se impedir uma hecatombe apocalíptica que não só afete os seres humanos, como também toda a vida no planeta.

A terceira parte do livro se chama "Invisibilização Social das Culturas". Seu primeiro capítulo está a cargo de Roger Magazine e se chama "A Interdependência das Culturas Indígenas Mesoamericanas como Verdade Romanesca". A partir de seu trabalho etnográfico, Magazine mostra que os povos mesoamericanos – e podemos seguramente estender este achado aos povos nativos de nossa América – acolhem a mímesis, sem viver na ilusão da mentira romântica da cultura ocidental. Seu trabalho etnográfico é realizado no povoado de Tepelaoxtoc, no México, e ele pôde observar que as pessoas dessa comunidade não consideram que suas ações sejam motivadas por elas mesmas, e sim que pelos demais, o que Magazine chama de interdependência, algo similar ao conceito de interdividualidade de Girard. Tal como expõe Girard, nosso eu se constitui a partir do outro pela mímesis do desejo; portanto, a mentira romântica se dá em dois níveis, o do eu, que desconhece que seu ser vem de outros, e o nível coletivo, que desconhece, por sua vez, a criação social da realidade sociocultural. De modo oposto, vivendo uma parte da verdade romanesca, na cultura indígena, as relações e interconexões são anteriores às ações dos indivíduos, cujos desejos são criados por outros. E essa necessidade do outro para agir é vista como ganho para os participantes, não como dependência ou perda. A narração da organização da festa de um santo é, possivelmente, uma das partes mais apaixonantes deste livro, e nela se adivinham as forças miméticas da violência, quando algumas pessoas são ditas queimadas ou "mortas" pelos rojões da festa, os quais se desviaram de seu curso magicamente contra essas pessoas acusadas de agir com má vontade. Por outro lado, frente à dualidade dominação- -resistência, sempre centrada no problema da identidade, Magazine diz que a preocupação principal dessa comunidade são sua própria transformação constante e a adoção de novas maneiras de fazer as coisas e de ser. Talvez esta falta de preocupação com a autenticidade e com a posse da cultura, junto do interesse em experimentar o que vem de outros, seja mais uma mostra de sua plena aceitação da mímesis como interdependência, neste caso, em nível coletivo. Magazine também encontra diferenças entre a forma de conhecer ocidental, que objetifica o outro, seja ele algo proveniente da natureza ou de outras culturas, enquanto o conhecimento xamânico ameríndio requer que o outro tome forma de sujeito. Por último, Magazine propõe uma explicação para os sacrifícios rituais, nos quais, segundo sua interpretação, não existiram bodes expiatórios, e sim transferência de um trabalhador de um âmbito ontológico a outro para o qual a ajuda fazia falta. Na realidade, aqui Magazine confunde a narração mitológica (da transferência) com o fato inegável do sacrifício; os deuses que reclamam sacrifícios humanos em meio às crises (como a falta de chuva) não são trabalhadores piedosos, e sim divindades sedentas de sangue, isto é, pontos focais que ordenam sistemas sociais sacrificiais. De modo que, se por um lado é verdade que essas comunidades não vivem sob o modelo moderno de indivíduo autônomo, é preciso observar com atenção seus conflitos e se esses podem ser interpretados com as chaves da mímesis de apropriação.

O segundo capítulo dessa parte se intitula "Do Corpo *Ayuujk* ao Corpo Indígena. Mímesis, Alteridade e Sacrifício em Sierra Mixe", e foi escrito por Emiliano Zolla Márquez. O texto busca mostrar como, em fins dos anos trinta do século XX, na Serra Mixe de Oaxaca, lar dos povos *ayuujk'jäy* ou *mixes*, constituíram-se uma imagem e uma prática indígenas forçosamente imitativas e violentas, orientadas à reprodução do modelo de nação étnica e culturalmente homogênea predicado pelo estado pós-revolucionário mexicano nascente. Mas tais comunidades conseguiram neutralizar essas forças, já que rechaçaram modelos únicos de imitação. Isso ocorre porque seus modelos de imitação são múltiplos, tendendo ao diverso e não ao homogêneo. Para os *mixes* a unidade e a homogeneidade são fontes de problemas e de violência, coincidindo nisso com a compreensão da unanimidade que propõe Girard nos processos de violência coletiva. Porém, ao presumir que a mitologia dos povos que estuda são fatos não suscetíveis à interpretação, Zolla conclui que a pluralidade do universo cultural mitológico dessas comunidades (sociedades plurimiméticas) se opõe à leitura reducionista que a teoria mimética propõe com sua compreensão monista de todas as culturas. A isto é preciso responder que Girard soube apreciar bem a diversidade das mímesis, sob cuja pluralidade e diversidade encontra os mesmos mecanismos sacrificiais como geradores de cada ordem cultural.

Encerra este livro o belo texto "*Al Andalus* no Exílio: Andanças de Mouriscos e Marranos", de Silvana Rabinovich. Nele, ela explora o paradoxo de que os judeus (descendentes dos) que um dia foram exilados e expulsos de Al Andalus sejam hoje os que expulsam os palestinos de seu território não conseguem ver as relações miméticas que os constituem e tendam a uma escalada de violência sempre extrema. Para isso, parte do poema "Na última noite nesta terra", de Mahmud Darwish, onde ele diz que o nome de al-Andalus-Sefarad é a chave que nos permitirá ativar a memória da múltipla experiência de exílio que o conquistador de hoje esqueceu. Dessa vez é à língua espanhola que toca traduzir esse exílio, em todos os seus sentidos, *entre* o árabe e o hebraico.

Mímesis e Invisibilização Social: a Interdividualidade Coletiva Latino-Americana, portanto, é um exercício de um pensar que vem do Sul, que não deixa de se compreender em diálogo com o Norte; diferentemente de muitos outros livros, cheios de citações e referências ao que se produz nesse Norte hegemônico, este livro transborda de referências e citações de pensamentos produzidos em nossa América, em particular a última obra de João Cezar de Castro Rocha, *¿Culturas Shakespearianas? Teoria Mimética y América Latina*. Como se pode notar, esta introdução é um exercício da emulação que Castro Rocha chama de culturas shakespearianas, já que, no diálogo com cada um dos textos dos autores, me vi compelido a comentar, responder, intervir e interpelar, sem deixar de me perguntar o que a leitura deste livro diz aos demais latino-americanos. Seguramente minha formação filosófica, que abrange Hegel e Girard, me situa ao lado dos conceitos, ainda que meu trabalho de campo e meus compromissos vitais me coloquem ao lado das comunidades de vítimas, fazendo com que minhas palavras nesta apresentação do livro *Mímesis e Invisibilização Social* estejam cheias de interrogações sobre as formas e as profundidades dessa invisibilização que nos constitui e nos corrói como culturas, desde nossa identidade, até nossa dor pelos mortos, pelos desaparecidos e pelo próprio destino da nossa terra.

parte I
teoria mimética e América Latina

capítulo 1
sobre a invisibilização do outro. uma recepção latino-americana de Levinas e Girard

Carlos Mendoza-Álvarez

1. Olhando-nos no espelho da crítica à modernidade de Atenas

Há um par de décadas, durante uma visita pastoral a comunidades *tseltal* das baixadas de Ocosingo em Chiapas, escutei um diálogo vivaz entre *jTatik* Samuel Ruiz, bispo da Diocese de San Cristóbal de Las Casas, e o líder de uma comunidade *tseltal* da Missão de Ocosingo--Altamirano. Tratava-se de um clamor vindo como que do fundo da noite, talvez de uma memória ancestral da humanidade, através da boca de um velho *tuhunel* ou servidor comunitário. Ele lhe dizia: "*jTatik*, dizes querer ser 'a voz dos sem voz'. Mas nós sempre falamos. O problema é que muitos não têm querido nos escutar. Ajude--nos, para que nossa própria voz seja escutada". E Dom Samuel respondeu laconicamente: "Assim será de hoje em diante, irmão". Mais tarde, no caminho de volta à Missão, pela estrada de terra que serpenteava pela baixada do rio Jataté, Dom Samuel comentou conosco:

> Nestes anos todos procuramos estar em sintonia com o Monsenhor Romero, seguindo seus ensinamentos tão evangélicos de 'ser a voz dos sem voz'. Mas hoje compreendi que isso não é suficiente. Precisamos ir mais longe, aprendendo a escutar esse clamor ancestral dos pobres dessa terra e somar-nos à sua voz para viver esse mundo como uma centelha do Reino de Deus.[1]

Desejo começar evocando essa singela experiência pastoral porque, a meu ver, ela condensa o "X" da questão de uma poderosa subversão daquele olhar hegemônico que via os outros como uma massa explorada e disforme ao longo do tortuoso século XX. Mudança essa que o pensamento ocidental tentou elucidar com suas próprias categorias filosóficas e antropológicas ao longo do último século, segundo diversas escolas. Mas a aparição no espaço público, em nossos tempos pós-modernos, dos movimentos sociais de autonomia territorial e das epistemologias do sul vem mostrando uma expressão *alternativa* a esse olhar. De algum modo, o debate social acadêmico que, nas primeiras décadas do século XXI, se desdobra em muitas comunidades originárias e mestiças,

---

[1] Essa anedota pessoal encontra ressonâncias similares nos numerosos testemunhos de um dos colaboradores mais próximos de Dom Samuel Ruiz, o frade Pablo Iribarren Pascal, que foi pároco da Missão de Ocosingo, superior da casa de dominicanos de San Cristóbal de Las Casas e vigário da pastoral da diocese por vários anos. Consulte: Archivo Histórico de la Diócesis de San Cristóbal de Las Casas, Fondo Fray Pablo Iribarren. México, D.F., El Colegio de México, 2015. Disponível em: www.catalogo-ahdsc.colmex.mx/index.php/base-de-datos/los-fondos-del-ahdsc. Consultado em 25 de fevereiro de 2015.

com grande potencial crítico e de práxis, aflora como discurso e práxis crítica naquilo que dizia o velho *tuhunel tseltal* com uma simplicidade intimidante e de forma clara como o dia.

Neste capítulo, desejo pôr em foco algumas chaves filosófico-teológicas para contribuir para um debate ainda inacabado entre *dois olhares* que criticam a invisibilização social do outro: primeiro, o do pensamento moderno tardio, representado por Levinas e Girard, como crítica à razão da totalidade e do sacrifício, tal como foi criativamente recebido na América Latina em décadas passadas; e o outro, do pensamento antissistêmico[2] nascente que expressa o surgimento de um novo paradigma a partir do pluralismo cultural em nossa América diversa, modelo que ainda precisa percorrer um longo caminho no chamado diálogo de saberes.[3]

E, no seio dessa crítica à invisibilização do outro proposta por ambos os olhares, me atreverei aqui a sugerir um

---

[2] Leia-se uma obra de publicação recente que indaga sobre a gênese desse pensamento no contexto mexicano: Jaime Torres Guillén, *Dialéctica de la Imaginación: Pablo González Casanova, una Biografía Intelectual*. México, D.F., Editorial La Jornada, 2014. No âmbito teológico, é notável a contribuição de um grupo de teólogas e teólogos membros da Asociación Ecuménica de Teólogo/as del Tercer Mundo (Asset) que, vivendo na América Latina e na Ásia, empreenderam um projeto de investigação para assumir uma racionalidade policêntrica e inter-religiosa sob a liderança de José María Vigil e Agenor Brighenti. Cf. Asset, "Por los Muchos Caminos de Dios", vol. I: *Desafíos del Pluralismo Religioso a la Teología de la Liberación*. Quito, Verbo Divino, 2003.
[3] Cf. Pedro Luis Sotolongo Codina & Jesús Delgado Ruiz Carlos, "*La Complejidad y el Diálogo Interdisciplinario de Saberes*". In: Idem, *La Revolución Contemporánea del Saber y la Complejidad Social. Hacia unas Ciencias Sociales de Nuevo Tipo*. Buenos Aires, Clacso, 2006.

terceiro olhar, o *teológico,* como possível solução ao paradoxo da sempre impossível alteridade: aquela que vez por outra nos seduz, nos atemoriza e ao mesmo tempo escapa de nosso olhar e de nosso desejo, como indício de um novo mundo sempre fugaz.

Se o fato de sermos "culturas shakespearianas" é parte essencial de nosso *pathos* cultural latino-americano, como sugere João Cezar de Castro Rocha,[4] outra expressão de tal *état d'âme* tem sido esse outro modo de compreender nossa relação de desejo-alteridade-semelhança que caracteriza as culturas dos povos originários. Para nós, herdeiros da múltipla mestiçagem cultural que marcou a história latino-americana, tanto colonial como moderna, é preciso andar pelas rotas de norte a sul para vislumbrar algum horizonte possível de futuro para todos em meio à escalada de violência que ocorre na aldeia global e, de maneira brutal, deixa de luto o México, com os mais de cem mil mortos e vinte mil desaparecidos dos últimos anos, assim como acontece a outros países da região, como El Salvador, Colômbia, Venezuela e Brasil.

Passemos, pois, a delinear os três momentos que constituem esta breve reflexão sobre o paradoxo fundador da condição humana que, desde que temos memória histórica, se debate *entre a violência e a redenção* através da invisibilização ou visibilização do outro, do encobrimento ao reconhecimento, dessas alteridades humanas e de ecossistemas em seus diversos rostos e linguagens.

[4] *¿Culturas Shakespearianas? Teoría Mimética y América Latina.* México, D.F., Universidad Iberoamericana/ITESO, 2014.

2. A invisibilização do outro: do clamor silenciado à indiferenciação mimética

Levinas e Girard só se relacionaram de forma pessoal encontrando-se em poucas ocasiões, em alguns lançamentos de livro em Paris.[5] Mas, para um olhar atento, suas obras se mostram convergentes no tanto que cada um buscou assentar as bases para uma crítica à razão totalitária que predominou no Ocidente com o triunfo da razão tecnocientífica ao longo do século XX.

De sua parte, Emmanuel Levinas – formado no anseio messiânico reinterpretado em chave moderna, há um século, por Hermann Cohen,[6] buscando recuperar a racionalidade de Jerusalém como uma alternativa à de Atenas – partiu da fenomenologia da subjetividade inspirada em Husserl e Heidegger até chegar à formulação de sua ideia-mestra, a de uma ética originária como filosofia primeira.[7] Mais especificamente, para o filósofo judeu lituano, a invisibilização do outro acontece antes mesmo de sua aparição como fenômeno social, como parte do próprio processo de advento da subjetividade em relação aos outros. Esse advento transita entre a complacência da mesmidade e a irrupção incômoda da alteridade no rosto

---

[5] Cf. Carlos Mendoza-Álvarez, "Pensar la Esperanza como Apocalipsis". Entrevista con René Girard". *Letras Libres,* abril de 2008. Disponível em: www.letraslibres.com/blogs/la-esperanza-como-apocalipsis. Consultado em 22 de fevereiro de 2015.
[6] Cf. Hermann Cohen, *La Religión de la Razón desde las Fuentes del Judaísmo.* Madri, Anthropos, 2004.
[7] Emmanuel Levinas, *Totalidad e Infinito. Ensayos sobre la Exterioridad.* Salamanca, Sígueme, 2002.

e no clamor do outro. Ou seja, que a violência da totalidade se impõe quando a mesmidade recebe a irrupção da alteridade não como clamor pela compaixão do amor ao próximo – aquele amor que é resguardado pela *Regra de Ouro* do judaísmo –, mas, sim, como irritação e estranhamento perante a presença do estrangeiro que perturba a comodidade do sujeito ou do grupo ensimesmado em sua complacência identitária. No centro desse estranhamento, o outro é invisibilizado *enquanto outro*, ficando submetido a uma lógica de dominação por aquela subjetividade atolada na complacência de sua única afeição.

Como primeira recepção latino-americana desta problemática, a partir da década de 1970, Enrique Dussel[8] pensou sobre a opressão dos povos latino-americanos a partir da crítica levinasiana à Totalidade, realizada a partir da percepção do Infinito na subjetividade *renversée*. Se por um lado a crítica de Dussel se enraizava em primeiro lugar numa leitura crítica de Marx e, a seguir, em um afiado debate com a segunda geração da Escola de Frankfurt, sua leitura de Levinas foi como um espelho no qual a filosofia da libertação, que nascia, conseguiu ver as massas oprimidas. E, a partir daí, o filósofo nascido em Mendoza deu livre rédea à inspiração para desenvolver uma ética da libertação que desse conta do processo histórico dos povos dessa região do planeta. Com efeito, a historiografia latino-americana da segunda metade do século XX procurou construir uma mudança de paradigma para pensar sua realidade histórica a partir do olhar

---

[8] Cf. Enrique Domingo Dussel, *Para una Ética de la Liberación Latinoamericana*, volumes I e II. México, D.F., Siglo XXI, 2014.

específico dos atores dos processos de exploração, exclusão e morte implantados pela economia neoliberal e pelo capitalismo financeiro. Um modelo de "bem-estar social" que funcionou para os países do Norte e seus imitadores do Sul às custas da depredação laboral e ambiental da massa submetida à lógica do poder transnacional.

Mas a obra filosófica de Levinas foi também lida em chave teológica por alguns autores latino-americanos, como Juan Luis Segundo, Jon Sobrino e Gustavo Gutiérrez,[9] que encontraram na ética originária do filósofo judeu um lugar teológico pelo qual ressignificar a ideia de revelação como irrupção do mistério da suma alteridade na vulnerável subjetividade humana. A brecha aberta por Levinas ao falar do *Infinito* como clamor messiânico foi uma chave hermenêutica essencial para compreender as dificuldades históricas dos povos dominados, bem como sua práxis de libertação, autonomia e empoderamento social. E este horizonte messiânico foi visto como anúncio de outro modo de existência, não tanto *além da essência* como havia proposto Levinas,[10] e sim *aquém da cobiça*. Com efeito, aquela pulsão de resistência à razão dominante que a colonização produziu em suas diversas

---

[9] Notemos, sobretudo, o caráter dialógico desses pioneiros da teologia da libertação, o qual expressa um desejo de interlocução com o pensamento europeu e latino-americano crítico à razão moderna hegemônica, buscando as fontes históricas e teóricas do seu projeto colonizador. Cf. Juan Luis Segundo, *El Hombre de Hoy Ante Jesús de Nazaret*. Madrid, Cristiandad, 1984; Jon Sobrino, *La Fe en Jesucristo. Un Ensayo desde las Víctimas*. Madrid, Trotta, 1999; Gustavo Gutiérrez, *En Busca de los Pobres de Jesucristo*. Salamanca, Sígueme, 1992.

[10] Emmanuel Levinas, *De Otro Modo que Ser o Más allá de la Esencia*. Salamanca, Sígueme, 2011.

fases modernas se expressou historicamente na América Latina como uma utopia intra-histórica que almejava alcançar uma sociedade sem ditaduras militares ou de partido, livre da ilusão da técnica e do mercado capitalista globalizado. Mais que apenas a práxis, esta corrente de teologia latino-americana[11] ansiava por recuperar o fundo místico do qual brotava a práxis: uma vivência de doação, trocas e reconciliação que animava a reconstrução das sociedades latino-americanas feridas pela violência estrutural que, em linguagem teológica, foi chamada de "estruturas de pecado". Por isso, os movimentos sociais e cidadãos "por outro mundo possível" que surgiram na região há duas décadas são mais bem compreendidos, a nosso ver, a partir dessa perspectiva de mudança de modelo epistêmico como crítica à razão da identidade derivada de Atenas.

Δ

De maneira convergente, ainda que diferente, a teoria mimética proposta por René Girard há mais de meio século pôs a descoberto o rosto *satânico*[12] da dominação

---

[11] Referimo-nos particularmente a alguns autores da teologia da libertação latino-americana da primeira geração que viram na mudança social revolucionária e política uma via de concreção histórica do reino de Deus. Cf. Hugo Assman, *Teología Desde la Praxis de Liberación. Ensayo Teológico Desde la América Dependiente*. Salamanca, Sígueme, 1973; Frei Betto, *Fidel Castro y la Religión. Conversaciones con Frei Betto*. México, D.F., Siglo XXI, 1986; Leonardo Boff, *Iglesia: Carisma y Poder. Ensayos de Eclesiología*. Santander, Sal Terrae, 1985; Rubén Dri, *Teología y Dominación*. Buenos Aires, Roblanco, 1987.

[12] Especialmente em suas duas últimas obras, René Girard explicita o papel da "mentira de Satã" como a lógica da escalada da violência e sugere – como tema crucial de investigação para as novas gerações – refletir sobre o papel de *Katejón* ("ele ou o que retém", personagem da escatologia paulina), seus

sacrificial que impera nas sociedades humanas desde que temos memória histórica. É preciso afirmar que o pensador de Avignon não apenas caracterizou o processo do desejo mimético nas suas fases constitutivas, como também mostrou a possibilidade do desmantelamento desta aparente fatalidade da história a partir do outro olhar sobre a violência vitimária: aquele que a Bíblia oferece à história da humanidade como uma verdadeira narrativa de revelação de um mundo enfim pleno.

Tal como também insistiram Roberto Solarte[13] na Colômbia e Gabriel Andrade[14] na Venezuela, a invisibilização do outro faz parte da crise de indiferenciação que se dá em todo contágio mimético, quando a unanimidade contra a vítima se instaura como mecanismo sacrificial e aparente saída para o paradoxo da presença do próximo percebido como inimigo.

O interessante, ao evocar do nosso ponto de vista dois pensadores europeus do século XX, é a convergência de colocações entre Levinas e Girard e sua influência no ponto de vista dos autores latino-americanos aqui

---

vínculos com o estado moderno, e o papel do sacrifício para evitar o colapso final. Cf. René Girard, *Veo a Satán Caer como el Relámpago*. Barcelona, Anagrama, 2002 e *Clausewitz en los Extremos. Política, Guerra y Apocalipsis. Conversaciones con Benoît Chantre*. Buenos Aires, Katz, 2010. [Em edições brasileiras: *Eu Vi Satanás Cair do Céu Como Um Relâmpago*. Trad. Martha Gambini. São Paulo, Paz e Terra, 2012; e *Rematar Clausewitz: Além Da Guerra*. Trad. Pedro Sette-Câmara. São Paulo, É Realizações, 2011.]
[13] Roberto Solarte, "La Masa, Vara y el Viento". In: Carlos Mendoza-Álvarez (org.), *Caminos de Paz: Teoría Mimética y Construcción Social*. México, D.F., UIA, 2016 [no prelo].
[14] Cf. Gabriel Andrade, *René Girard: um Retrato Intelectual*. Trad. Carlos Nougué. São Paulo, É Realizações, 2011.

citados. Com efeito, tanto para o pensamento girardiano como para o levinasiano, a crise que expulsa e sacrifica vítimas inocentes expressa não tanto a maldade inerente à condição humana, mas sim sua concreção histórica que acontece como histórias de rivalidade produzidas pelo desejo conflitivo. O outro-próximo é desconhecido pela turba presa na lógica da acusação: consiste nisso a mentira romântica como mentira de Satã.

Mas, à diferença de Levinas, que não foi capaz de captar o fundo teológico[15] em questão, para Girard, a verdade do Messias dá duas coisas fundamentais à humanidade: por um lado, desvela o desejo antropológico da mímesis de rivalidade vivida como fatalidade que expõe a humanidade ao risco de se aniquilar; e, por outro, a revelação da "única" verdade que redime a humanidade do paradoxo da invisibilização do outro em favor da suposta paz do grupo: a visibilização da inocência absoluta das vítimas de qualquer processo de "unanimidade de todos contra um".

Na América Latina, desde 1984, as teses de Girard[16] vêm sendo debatidas por teólogos da libertação latino-americanos. Mais recentemente, alguns, como Franz Hinkelammert, Víctor Codina e Luiz Carlos Susin, têm buscado encontrar interlocutores europeus com quem compreender a crise do modelo da razão instrumental

---

[15] Chamamos aqui de teologal um contexto antropológico de vivência originária, próprio da experiência humana aberta à gratuidade do real. Tal contexto é captado pelas tradições religiosas da humanidade enquanto "aparição" do divino e pelas sabedorias filosóficas como "irrupção" da transcendência no seio do imanente.
[16] Hugo Assmann, *Sobre Ídolos y Sacrificios. René Girard con Teólogos de la Liberación*. San José, DEI, 1991.

dominante. Mas, infelizmente, ao que parece, esse diálogo iniciado pela primeira geração de teólogos da libertação não teve maiores repercussões. Foi a geração de pensadores seguinte, como James Alison[17] e o próprio autor,[18] que propôs captar a *constante do desejo mimético* como princípio antropológico e teológico em vez de uma práxis de superação de conflito. Com efeito, por meio da instauração de justiça para vítimas animada por um olhar não ressentido, aberto ao horizonte do perdão, é possível avistar um horizonte de esperança em toda práxis transformadora da violência. Isso sem ignorar a hostilidade histórica e social em que os seres humanos vivem o devir da existência. Assim, esse olhar teológico propõe instaurar o perdão precisamente no meio de processos de exclusão e morte de vítimas sistêmicas. E, por isso, *a posteriori*, postula o perdão como critério hermenêutico para uma ontologia relacional no meio do conflito. Como corolário desta recepção da teoria mimética na América Latina, a teologia pós--moderna[19] na região tem desconstruído as práticas e as narrativas de invisibilização social e eclesiástica das diversas alteridades que foram negadas: povos originários, mulheres, migrantes e comunidade LGBT, para captar aí, no fundo dessa noite, os fulgores da revelação

---

[17] James Alison, *El Retorno de Abel. Las Huellas de la Imaginación Escatológica*. Barcelona, Herder, 1999.
[18] Cf. Carlos Mendoza-Álvarez, *El Dios Escondido de la Posmodernidad*. Guadalajara, SUJ, 2011. [Em edição brasileira: *O Deus Escondido da Pós-Modernidade*. Trad. Carlos Nougué. São Paulo, É Realizações, 2011.]
[19] Veja-se como exemplo a incipiente e criativa obra do teólogo *queer* brasileiro: André Musskopf, *Uma Brecha no Armário: Propostas para uma Teologia Gay*. São Leopoldo, Centro de Estudos Bíblicos, 2005; *Via(da)gens Teológicas*. São Paulo, Fonte Editorial, 2012.

divino-humana e a construção de mediações práticas para a redenção em meio à abominável história da sociedade globalizada.

∆

Em suma, o clamor silenciado pela razão idólatra denunciada há meio século por Levinas e a invisibilização mimética desmascarada por Girard na mesma época são dois lados da mesma moeda. A moeda que é símbolo do valor dominante, o da vontade de poder. A mesma que se expressou na segunda metade do século XX como globalização, em uma trilogia nefasta: capital, midiocracia e religião sacrificial, própria dos vieses fundamentalistas que surgem em todas as religiões e que são cooptados pelo mercado em sua lógica de dominação global através do mecanismo mimético.

Por tal excesso de significação e de representações de imitação de rivalidade produzidos pelo afã de domínio, as outras vozes da condição humana, as vozes negadas, ainda que sempre ativas, são as que temos de aprender a escutar em contextos diversos das sociedades latino-americanas. Começando por captar, como assinalado por Alison, seu *tom de voz*[20] que não é o da "lógica de cima", e sim um que provém "das margens e da exclusão", no vocabulário definidor da perspectiva antissistêmica. Um tom de voz que é outra expressão de outro

---

[20] James Alison, "*Los Cambios de Tono en la Voz de Dios: Entre el Deseo Divino y la Marea Humana*". In: Carlos Mendoza-Álvarez (org.), ¿*Cristianismo Posmoderno o Postsecular? Por una Interpretación Teológica de la Modernidad Tardía*. México, D.F., UIA, 2008, p. 39-53.

olhar: tom não de reclamação e ressentimento, e sim de doação e até de reconciliação.

Na seção seguinte, trataremos de articular uma reflexão que ecoe esta sinfonia de vozes, rostos e linguagens que provêm *do outro lado do espelho*.

3. À procura de um rosto e de um olhar próprios: do pensamento latino-americano às epistemologias do Sul

A invisibilização cultural da identidade latino-americana pelo predomínio do pensamento ocidental em sua versão moderna e tecnocientífica foi tardiamente assumida como um desafio pela filosofia e pela teologia,[21] depois da construção de uma identidade própria como fez a literatura da região a partir do *boom* latino-americano nos anos cinquenta do século passado.

O modelo de um pensamento de libertação encontrou assim novas expressões na filosofia, na historiografia, na pedagogia e na teologia. Tratava-se, a partir da década de 1960, por exemplo, de construir uma narrativa da emancipação do jugo da dependência econômica e cultural que havia caracterizado a modernização acelerada das sociedades latino-americanas nos fins do século XIX.

---

[21] Cf. João Cezar de Castro Rocha, ¿Culturas Shakespearianas? *Teoría Mimética y América Latina*. México, D.F., Universidad Iberoamericana/Iteso, 2014.

A técnica, a democracia e a educação científica haviam chegado inicialmente sob um véu de fascinação por estarmos imitando a revolução industrial na Inglaterra e na França, e, em seguida, procurando emular o furor da economia de mercado do vizinho do Norte.

A teologia da libertação pode ser mais bem compreendida em sua vertente cultural caso a enquadremos como uma expressão maior de vivência e compreensão da fé cristã que coligia as práticas de emancipação coletiva vividas pela classe média, a qual despertava do sonho do progresso devido ao clamor das massas empobrecidas e à aparição em espaço público de movimentos sociais e políticos de mudança social. Ao longo de apenas duas décadas – de 1968, com a Conferencia del Episcopado Latinoamericano em Medellín, a 1989, com a queda do Muro de Berlim e seu impacto na crise da utopia do socialismo histórico vigente até então –, constituiu-se um poderoso movimento cultural latino-americano de libertação, que foi paulatinamente dando lugar a um novo modelo de autonomias de outras ordens: social, política, de gênero, cultural, religiosa e epistêmica.

O distanciamento do modelo de imitação predominante nas elites que replicavam o modelo social das sociedades do Norte ficou visível a partir do 'Ya basta' zapatista de 1994 em Chiapas, como um cadinho onde os povos originários de toda a região cristalizaram seus afãs, sonhos e projetos históricos. Em seu aspecto teórico, esse outro olhar foi sendo construído, desde fins do século passado, por pensadoras e pensadores antissistêmicos latino-americanos e europeus, como

Xóchitl Leyva,[22] Silvia Rivera Cusicanqui[23] e Boaventura de Souza Santos.[24] Este novo modelo é por eles descrito como um processo de "descolonialidade" e de construção de uma filosofia do *bem viver* que busca coletar os saberes dos povos originários como alternativa à perversão da razão instrumental. Supõe primeiro uma crítica à violência epistêmica com que o Ocidente impôs seu modelo de conhecimento tecnocientífico na primeira onda de expansão colonial iniciada em 1492, esse terrível ano do início do "encobrimento do outro", conforme Enrique Dussel chamou o expansionismo colonial europeu. Mas este novo modelo centra-se agora na produção de um conhecimento vinculado à práxis de empoderamento que as subjetividades excluídas do sistema de dominação têm levado a cabo. Por exemplo, Jean Robert e Majid Rahmena[25] chamaram essa perspectiva de um pensamento surgido a partir da "potência dos pobres" e que se realiza historicamente como uma contracultura, contraeconomia e contraética.

Apesar da óbvia correlação dessas práticas de imitação que são vistas agora sob um novo modelo, a teoria mimética foi integrada de maneira tardia ao debate com os

---

[22] Cf. Xóchitl Leyva, "Luchas Epistémicas en Tiempos de Múltiples Crisis y Guerras". In: Carlos Mendoza-Álvarez, *Caminos de Paz: Teoría Mimética y Construcción Social.* México, D.F., UIA, 2015.
[23] Silvia Rivera Cusicanqui, *Ch'Ixinakax Utxiwa. Una Reflexión sobre Prácticas y Discursos Descolonizadores.* Buenos Aires, Tinta Limón Ediciones, 2010; *Violências (re)encubiertas en Bolivia.* Santander, Otramérica, 2012.
[24] Boaventura de Souza Santos, *La Epistemología del Sur: La Reinvención del Conocimiento y la Emancipación Social.* México, D.F., Siglo XXI/CLACSO, 2009.
[25] Cf. Jean Robert, Majid & Rahmena, *La Potencia de los Pobres.* San Cristóbal de Las Casas, CIDECI-UNITIERRA, 2012.

cientistas sociais, filósofos e teólogos que praticam esse modo de conhecimento em nossa região latino-americana. Em um colóquio anterior,[26] parte de uma linha de investigação – realizado em 2012 na Cidade do México e em San Cristóbal de Las Casas, em Chiapas, para suscitar um intercâmbio entre o mundo acadêmico universitário e os saberes de líderes sociais e religiosos –, foi levantado o debate com a teoria mimética. Porém somente alguns poucos pensadores antissistêmicos aceitaram o desafio. Outros preferiram manter-se na "rebeldia do pensamento" que os enquadrava "de cima para baixo e até pelo avesso" na história da dominação.

Os que aceitaram, por sua vez, dialogar com o pensamento girardiano e com os autores que realizam uma recepção crítica na América Latina reconheceram a importância de integrar ao debate a necessidade do desmantelamento dos processos de violência surgidos da invisibilização social do outro e, com frequência, introjetados nas próprias comunidades originárias. E contribuíram para pensar a interdividualidade mimética em sua dimensão coletiva. Uma ideia proposta por João Cezar de Castro Rocha à raiz desses debates e que agora nos ocupa.

De nossa perspectiva, a invisibilização social do outro tem ao menos dois elementos constitutivos: um antropológico e outro teológico. O primeiro corresponde a um mecanismo de desejo mimético que se instaura em todas

---

[26] Cf. Carlos Mendoza-Álvarez (org.), *Caminos de Paz: Teoría Mimética y Construcción Social*. México, D.F., UIA, 2015.

as sociedades a partir da indiferenciação que produz a unanimidade de todos contra um no momento crucial da crise identitária. O que está em jogo nessa primeira instância não é, portanto, o aspecto moral da inocência ou da culpa de um acusado, mas, sim, a urgência em aprender a se ver como massa que age narcotizada pelo *pharmakon* da violência mimética. E o segundo elemento é o paradoxo da escalada violenta que parece não ter fim quando uma sociedade necessita de cada vez mais vítimas. O *teológico*[27] é precisamente esse horizonte de ruptura, fratura ou rachadura da lógica sacrificial, como uma fissura que se abre no "muro de inimizade" (Efésios 2,14) sobre o qual escreveu São Paulo. Uma rachadura pela qual passa uma réstia de esperança quando alguns indivíduos que vivem em meio à espiral violenta conseguem deter o momento da fatalidade dando um salto qualitativo em seu próprio desejo: aprendendo a desejar a justiça para a vítima e chegando ao extremo de perdoar o carrasco.

Mas falar de superação do ressentimento e de perdão não parece ter maior relevância epistêmica no debate atual do pensamento antissistêmico. Ainda que seja preciso sublinhar que começa a se abrir um diálogo sobre isso a partir das práticas dos povos originários que, há muito tempo, já integraram em sua jurisprudência o arrependimento do carrasco e a reconciliação com a comunidade como parte *essencial* de suas dinâmicas de socialização e

---

[27] Problemática central na recente investigação que será exposta em seu sentido kairológico na obra. Carlos Mendoza-Álvarez, *Deus Ineffabilis: Una Teología Posmoderna de la Revelación del Fin de los Tiempos*. Barcelona, Herder, 2015. [em processo de editoração]

simbolização do vínculo ancestral com a mãe Terra e com o Criador da vida, vínculo que lhes dá dignidade, coesão social e um tom de voz do qual emana a esperança.

Se o paradoxo do perdão for evidenciado como forma de resolver o problema da invisibilização do outro, teremos conseguido encontrar uma dimensão inédita da teoria mimética a partir das identidades latino-americanas dessa nova geração.

4. O paradoxo da mímesis divina

Encerro lançando uma provocação a quem vier a ler estas páginas.

A invisibilização do outro é percebida e analisada pelo pensamento antissistêmico como apenas mais um ato predatório por parte do pensamento abismal. E é com razão que se destaca a perversão da relação social baseada nesse afã dominador.

No entanto, a narrativa cristã da *kenosis* ou abaixamento por amor do Logos divino na encarnação à imagem do Pai pela via da *Ruah* divina lança uma pista inusitada para se pensar a invisibilização do outro a partir do seu oposto: o que acontece quando Deus invisibiliza a si mesmo, renunciando à sua condição divina e fazendo-se escravo? O modelo de imitação que expressa a encarnação nos permite compreender por analogia como agem os justos da história, somando-se a essa *outra lógica do não poder* para fazer frente ao paradoxo da negação do outro.

Não pretendo aqui fazer proselitismo sobre a pertinência confessional do cristianismo nesse momento de recrudescimento de fundamentalismos religiosos. O que proponho, pelo contrário, é desconstruir a ideia da invisibilização a partir do seu fundo teológico para mostrar que os movimentos antissistêmicos têm um importante aliado na mística do desprendimento que sobreviveu no cristianismo apesar do predomínio de seu afã de poder quando se estabeleceu como religião dominante.

A *invisibilização de si mesmo* é a outra face da moeda nas narrativas de dominação. Não como autodestruição da própria subjetividade, é claro. E sim como mudança do modelo a ser imitado. A vida de entrega dos justos da história é uma grande chave hermenêutica dessa outra lógica. O cristianismo pós-moderno a chama de "a inteligência da vítima" para designar a mudança qualitativa na relação intersubjetiva que produz aqueles que ultrapassaram a lógica da rivalidade mimética. Com efeito, quando um justo perdoa seu inimigo, desafia a ordem que o havia possibilitado e mina diretamente nas bases esse poder que parece devastador.

O modelo da *mímesis kenótica*[28] implica, consequentemente, uma desconstrução dos metarrelatos de onipotência infantil, ao mesmo tempo em que significa o balbucio de outra maneira de contar histórias fora da rivalidade

---

[28] Tema crucial na teologia estética de von Balthasar, mas que o grande teólogo suíço não analisa em suas fundações miméticas como tais, e sim como racionalidade transcendental do divino-humano. Cf. Hans Urs von Balthasar, *Gloria*, v. I. Aqui propomos outro sentido da *kenosis* enquanto modelo de imitação no qual está em jogo a saída do círculo vicioso da imitação sacrificial.

mimética: a partir do seio de uma existência construída como doação amorosa.

Tal propósito poderia parecer de uma ingenuidade imensa quando se trata de viver e atuar em meio a processos de violência sistêmica. Mas se revela uma ideia poderosamente libertadora quando descobrimos seu poder restaurador do tecido social e saneador das pulsões de morte que dominam a imitação de rivalidades em todos os partícipes do contágio mimético de rivalidades.

Tal existência kenótica é a expressão mais acabada do messianismo, pois implica uma nova temporalidade, que se aproxima da doação e vai além do ressentimento, nesse território verdadeiramente autônomo do amor assimétrico e não recíproco de quem vive a graça do perdão.

capítulo 2
teoria mimética na América Latina? uma reflexão sobre a leitura shakespeariana das culturas

Mariana Méndez-Gallardo

Nas palavras de João Cezar de Castro Rocha,[1] as chamadas *culturas shakespearianas* são aquelas cuja percepção de si se origina no olhar de um outro. Elas nos permitem ver uma "circunstância antropológica que afeta a todos. Convertemo-nos naquilo que vemos de nós mesmos nos olhos dos outros", vivendo assim, uma "vida pela metade",[2] pelo que sempre dependemos do olhar e da opinião dos demais, inclusive para determinar nossos próprios desejos. Assim, as *culturas shakespearianas* são as que levam ao nível coletivo o desejo mimético: a necessidade de um modelo para enfim ver o próprio rosto.

Nesta materialização desproporcional entre o eu e o outro, surge a característica essencial das "culturas

---

[1] Cf. João Cezar de Castro Rocha, *¿Culturas Shakespearianas? Teoría Mimética y América Latina*. México, D.F., Universidad Iberoamericana/ITESO, 2014.
[2] Idem, p. 26-30.

shakespearianas"; a "poética da emulação", isto é, uma estratégia desenvolvida em situações de poder assimétrico. Trata-se de uma forma literária, intelectual e artística que faz frente a uma situação política: a situação de desigualdade real na qual nos encontramos, resgatando o sentido potencialmente produtivo da noção de influência.

Dito isso, o termo *culturas latino-americanas*, por sua vez, não expressa nenhum valor essencial, referindo-se a um conjunto de estratégias desenvolvido em determinadas condições históricas (desde já se diga que são "culturas" no plural, e não no singular, para evitar o essencialismo identitário). As culturas latino-americanas teriam em comum com as *culturas shakespearianas* o fato de terem se definido pelo olhar estrangeiro; o próprio nome "América Latina" é uma designação atribuída a partir do olhar estrangeiro, sobretudo o do século XIX, através do qual a história cultural latino-americana é a reconstrução de um processo no qual o alheio se transforma em próprio. Assim sendo, a proposta de Castro Rocha exige uma perspectiva comparada da vocação da cultura latino-americana na qual é necessária sua compreensão mimética, que não se esgota unicamente na reiteração da surrada noção de complexo de inferioridade, mas procura transformar a centralidade do outro em fonte indispensável de reflexão acerca da própria constituição da América.

Por isso, uma das propostas centrais dessa teoria seria a de repensar a própria escrita da história cultural a partir de uma reflexão mimética, isto é, a partir da distinção entre "mentira romântica" e "verdade romanesca" que estimule uma compreensão inovadora da escrita da história cultural e, por conseguinte, das culturas latino-americanas. E, assim, parece que a intuição básica da teoria mimética se deriva da leitura de diferentes romances que, de Cervantes a Proust, coincidem num mesmo dado: o desejo de refletir acerca da condição humana.

Dado o que foi exposto, dizemos que a teoria mimética está baseada em uma constante: a intuição de que dois sujeitos somente conseguem se desejar através da mediação de um terceiro, o que equivale a considerar toda a relação amorosa triangular. Sempre há um outro que estimula o desejo de um dos vértices do ângulo: os ciúmes asseguram que o objeto do meu desejo também é desejado por outros e, no espelho de seus olhos, o meu desejo não pode senão aumentar. Então, para a pessoa saber se ama alguém, e a quem ama, precisa de um mediador, pelo que se confirma que o desejo é sempre mediado, e supõe uma complexa relação triangular que deixa de lado a possibilidade de anunciar um contato direto. Enquanto a verdade romanesca explicitaria o papel desse mediador na determinação do desejo, na mentira romântica ele ficaria oculto, escondendo o modelo pelo qual os namorados se unem.

Como é possível que esse mecanismo mimético estivesse presente em autores, estilos literários e obras tão distantes? Justamente por sua vocação essencialmente antropológica, e é por causa dela que a literatura se torna central em qualquer reflexão acerca dos comportamentos humanos, ao revelar como o desejo humano é sempre fruto da presença de um mediador e, portanto, sempre mimético: "como aprendo a comportar-me a partir da reprodução de condutas já existentes, sou levado, consciente ou inconscientemente, a adotar modelos, seguindo-os como se fossem expressões do *meu próprio desejo*".

Se o processo de aprendizagem, porém, supõe a reprodução inicial de modelos prévios, então o comportamento humano possui um lado potencialmente destrutivo, no qual, se por um lado primeiramente a imitação representa um ganho, ao ampliar o nosso repertório social, por outro existe uma zona de sombra, pois, ao desejarmos os mesmos objetos (pessoas? situações?) também desejados pelo outro, ficamos sujeitos a uma rivalidade e uma confrontação aberta, e descobrimo-nos como perseguidores.

Nesta leitura das relações e dos comportamentos humanos, a chave estaria no momento em que nos tornamos conscientes da natureza mimética de nosso próprio desejo, a partir do qual estamos obrigados a reconhecer que a mentira romântica deve ser substituída pela verdade romanesca. Trata-se, assim, de um *reconhecimento epistemológico* sobre a natureza de nossos desejos, no qual damos lugar a uma atitude ética: na medida do possível, tentaremos manter sob controle as rivalidades que resultam do desejo de que falamos.

Sem dúvida, o modelo de conversão ética proposto por João Cezar de Castro Rocha fornece uma nova chave para entendermos o problema da violência na América Latina, já que, alimentado por um fundo epistemológico, tal modelo supõe que nos reconheçamos profundamente envolvidos no mimetismo que antes só identificávamos nos outros.

O livro *¿Culturas Shakespearianas? Teoria Mimética y América Latina* é composto por uma série de ensaios que apresentam uma leitura cuidadosa da obra fundamental de René Girard, com vistas a oferecer um exercício reflexivo que contribua, concretamente, para as circunstâncias latino-americanas, ao mesmo tempo que pretende ser uma proposta de contribuições latino-americanas à teoria mimética de Girard. Por isso, dizemos que se trata de um texto dialético, pois inscreve em sua proposta uma via de mão dupla.

Inspirado em um método girardiano, João Cezar de Castro exerce sua capacidade de descobrir relações surpreendentes entre textos literários das mais distintas tradições, pondo em cena os alcances interdisciplinares que isto implica, graças a um sem-número de exemplos e alusões da literatura universal que não só ilustram sua proposta teórica, como também permitem uma leitura aprofundada, a um tempo fluida e multicolorida, da variedade de temáticas expostas.

Para Castro Rocha, não se trata unicamente de aplicar a teoria mimética às realidades latino-americanas – como se fosse possível exportar suas ferramentas terminológicas ou argumentativas em bloco, para então poder dizer algo sobre realidades muito diferentes daquelas para as quais foram pensadas. Tampouco se trata de uma tentativa de considerar os casos latino-americanos objetos de estudo ou matéria-prima da teoria mimética para demonstrar e verificar se, afinal, ela se cumpre neles. Trata-se, sim, de um duplo exercício no qual, em vez de se "aplicar" a teoria de maneira instrumental, será "adotada" uma orientação hermenêutica que "ilumine" girardianamente diferentes panoramas, e que permita propor novas perguntas.

Por isso dizemos que essa proposta busca pensar mimeticamente as diferentes circunstâncias, isto é, pensar "paradoxalmente" estipulando um conjunto limitado de perguntas fundamentais (especialmente as que nos ajudem a identificar traços estruturais historicamente determinados e contrários à opinião comum, daí seu caráter de paradoxo), ao mesmo tempo que pensa *latino-americanamente* a própria teoria mimética. E é aqui onde, a meu ver, reside o grande valor da proposta: em tornar sua teoria bastante latino-americana ao colocar, no centro da sua reflexão, a pergunta: é possível esboçar uma contribuição propriamente latino-americana à teoria mimética?

Igualmente, essa leitura mimética sobre a América Latina torna imprescindível a pergunta pelo tema religioso, já que é uma leitura baseada na teoria mimética de um autor como René Girard, cuja narrativa é, essencialmente, uma apologia do cristianismo e do fenômeno religioso para a contemporaneidade. Quanto a Castro Rocha, de igual modo, o fato de não ser partidário do religioso ou de um credo específico não é motivo suficiente para deixar de reconhecer a importância do entendimento acerca do fenômeno religioso e sua centralidade na cultura, assim como a potência que tem uma teoria como a mimética para explicar os comportamentos humanos (*interdividuais*, conceito que se refere à determinação dos traços próprios pela presença de um mediador). De modo que essa teoria mostra-se original, "radicalmente original" para a Antropologia, a Epistemologia e a Ética, pois ao retomar o religioso e colocá-lo no centro da aparição da cultura humana, estariam desmascaradas as primeiras formas de controle da violência, representadas no advento do cristianismo. Em um mundo contemporâneo em que a adesão aos pressupostos religiosos torna o trabalho intelectual não só difícil, como inviável, o fervor ao não religioso se torna, por contraste, o sentimento dominante e comum, especialmente no âmbito acadêmico e universitário. Por tudo o que foi dito, João Cezar de Castro Rocha propõe uma leitura nova acerca da teoria mimética de Girard, leitura esta que contribui para a melhor compreensão tanto das culturas latino-americanas, como do mundo contemporâneo em geral, independentemente do credo religioso. Embora o autor saiba que uma leitura mimética da violência contemporânea não vai oferecer soluções, mas levará a um nível de compreensão indispensável para enfrentar o problema sem meias palavras.

Por isso, o propósito fundamental de sua teoria reside em alargar o horizonte intelectual da recepção da teoria mimética, afirmando os possíveis cruzamentos que existiriam entre esta e a América Latina, intenção que se desenvolve passando dos postulados do pensamento girardiano (principalmente os do conceito de *culturas shakespearianas*, hipótese organizadora de todo o seu argumento) à tradição intelectual e artística especificamente latino-americana.

Parece-me que faltam apenas duas coisas em toda essa abordagem. Primeiro, sinto falta da menção do conceito de ficção na teoria mimética, ou seja, de como a literatura, precisamente por seu recurso à ficção, liberta o campo de aproximação do homem, graças a um desdobramento do imaginário em que tudo é possível. Ou seja, fazer alusão à ficção como aquilo que nos permite descobrir, ou se assim preferirmos, inventar, já que para ela o real se encontra inserido em todos os campos do possível e do imaginário que constituem o homem. Na ficção, e em particular na ficção do romance, tudo é possível porque nenhuma barreira, especialmente as morais, pode interpor obstáculos ao desdobramento do relato.

Creio que só assim ganharia mais sentido a *inventio*, a parte fundamental do processo de emulação da qual trata o autor no capítulo IV de seu livro, como forma de encontrar e descobrir o que, em si mesmo, já existe (por exemplo, no comportamento do ser humano e em seus desejos), à diferença da *creatio*, que implica produzir algo novo a partir do nada.

Em segundo lugar, sinto falta de um aprofundamento maior dos conceitos de arte e estética. Em primeiro lugar, se a força da emulação aparece, sobretudo, na arte e no pensamento, em sua capacidade de imaginar estratégias para lidar com a presença constitutiva de um modelo aceito como autoridade e, por isso, adotado como fonte de autodeterminação, logo esse ponto precisa ser mais bem desenvolvido. Assim, se entende a poética da emulação enquanto estratégia fecunda em situações de assimetria. Daí, a reunião de um conjunto de procedimentos empregados pelos inventores e criadores que se encontram em tais situações, a qual resultaria de fundamental interesse articular com o que se entende pelo exercício artístico da emulação como forma estrategicamente latino-americana. Por fim, essa possibilidade permite valorizar o papel que teria a estética em toda a proposta de Castro Rocha – sobretudo porque o conceito de mímesis e sua relação com as artes está inscrito em uma respeitadíssima tradição estética.

Finalmente, se me for permitido, e talvez por (de)formação profissional de minha parte, muito me agradaria conhecer a opinião do autor sobre se uma proposta como essa poderia igualmente nos orientar para uma compreensão da América Latina não só a partir da literatura, mas também a partir das demais artes, como por exemplo, as artes visuais.

capítulo 3
interdividualidade coletiva e formas da invisibilidade: Brasil e México

João Cezar de Castro Rocha

1. Uma epígrafe visual

Parto de uma epígrafe visual: o trabalho da artista plástica colombiana Doris Salcedo. Em 2007, ela criou a provocadora instalação "Shibboleth" na Galeria Tate Modern, em Londres.[1] A instalação consistia de uma fenda que se abria na entrada do museu. No começo, uma fenda bem pequena, mas que se alargava de forma desigual conforme o observador caminhava ao longo dela. Assim, estrategicamente situada na entrada da galeria, essa fratura que se move convidava o espectador a se perguntar a respeito das origens de coleções similares em todo o mundo: de onde vêm?

Ou seja, para perguntá-lo brutalmente: quem as financia?

---

[1] Disponível em: http://www.tate.org.uk/modern/exhibitions/dorissalcedo/default.shtm. Consulte também o catálogo da exposição: Doris Salcedo, *Shibboleth*. Londres, Tate Publishing, 2007.

O artista brasileiro Tunga já havia logrado esse gesto político com rara agudeza em sua obra *À Luz de Dois Mundos*, que foi exposta sob a pirâmide do Louvre em 2005.[2] Nela, convivem em tensa copresença esqueletos com rostos que evocam bustos clássicos; caveiras douradas e escuras, em uma estrutura suspensa, como se fosse uma impossível rede, autêntica balança, cujos dois pesos e duas medidas se voltam para desvelar as próprias origens do museu que abriga a obra – ou nos esqueceremos de que uma parcela nada desprezível de coleções como a do Louvre é fruto de saques, autênticos espólios de invasões militares, como foi o caso concreto da invasão napoleônica ao Egito?

A interdividualidade coletiva latino-americana,[3] mimeticamente concebida, é tal como a fenda, que nunca pode ser idêntica a si mesma, fazendo da instabilidade um modo de localizar-se no mundo, deslocalizando-nos e dessa forma buscando evitar as armadilhas da ontologia.

(Recordo que *A Invenção da América*, de Edmundo O'Gorman, nos autoriza a imaginar que uma das tarefas do pensamento e da arte não hegemônicos é precisamente abrir tais fendas nas estruturas dominantes de saber e de poder.)

Interdividualidade é um conceito proposto por René Girard que esclarece a presença constitutiva de um mediador na

---

[2] Disponível no link: http://www.tungaoficial.com.br/pt/exposicao/a-luz-de-dois-mundos-palacete-das-artes-rodin-bahia-salvador-brasil/.
[3] *Interdividualidade coletiva* é o conceito que propus em meu livro ¿*Culturas Shakespearianas? Teoría Mimética y América Latina* (México, D.F., Universidad Iberoamericana/ ITESO, 2014). como um aporte propriamente latino-americano à teoria mimética.

determinação dos traços, já não individuais, mas sim interdividuais de cada um de nós. De fato, interdividualidade é o único neologismo proposto por René Girard para reiterar que a individualidade não se define de maneira autônoma e, sim, depende sempre da interação com outros, sendo por definição *intersubjetiva*. Por isso, para a teoria mimética não se trata de individualidade, e sim de *interdividualidade*.[4] Talvez a definição mais sucinta seja a proposta por Girard em diálogo com um grupo de psicanalistas: "Isto é, o ponto de vista mimético suprime o ponto de partida subjetivo. Sempre se trata, segundo penso, de um ponto de partida intersubjetivo (*intersubjectif*)".[5] Vale dizer: interdividual. Proponho uma aproximação que saiba apostar em um conceito de latino-americano que corresponda ao conceito de interdividualidade no plano coletivo. Isto é, não se trata de reduzir o fenômeno da centralidade do outro a um comportamento interdividual, se acompanharmos o vocabulário girardiano. De fato, o trânsito do plano da interdividualidade ao plano que denominei interdividualidade coletiva é um traço facilmente discernível nos mais variados autores latino-americanos. Uma vez mais, impõe-se a pergunta: quais são as consequências desse deslocamento do nível interdividual para o plano interdividual coletivo?

Eis aqui o desafio que propus em meu livro ¿*Culturas Shakespearianas?* e que apresento muito sinteticamente

---

[4] O terceiro livro de *Des Choses Cachées depuis la Fondation du Monde*, "*Psychologie Interdividuelle*", dedica-se a desenvolver o conceito como base para uma psicologia mimética. René Girard, *Des Choses Cachées depuis la Condation du Monde*. Paris, Grasset, 1978, especialmente as páginas 422-30.
[5] René Girard, "*La Reciprocité dans le Désir et la Violence*". Mark R. Anspach (org.), *Les Cahiers de l'Herne. Girard*. Paris, Éditions de l'Herne, 2008, p. 184.

neste capítulo, assinalando sobretudo suas consequências nos níveis social e político.

2. "Mostrar a cara"

No romance de Mario Vargas Llosa, *O Sonho do Celta*, um personagem secundário do enredo, o médico norte-americano Herbert Spencer Dickey, esclareceu sem meias palavras a estrutura do duplo vínculo latino-americano no que se refere ao problema da violência:

> – A maldade está na nossa alma, meu amigo – dizia, meio de brincadeira, meio a sério. – Não vamos nos livrar dela tão facilmente. Nos países europeus e no meu, ela é mais disfarçada, só se manifesta à luz do dia quando há uma guerra, uma revolução, um motim. Precisa de pretextos para se tornar pública e coletiva. Na Amazônia, pelo contrário, pode mostrar a cara e cometer as piores monstruosidades sem as justificativas do patriotismo ou da religião. Simplesmente a cobiça, nua e crua. A maldade que nos envenena está em qualquer lugar onde haja seres humanos, e tem raízes bem profundas nos nossos corações.[6]

---

[6] Mario Vargas Llosa, *O Sonho do Celta*. Trad. Ari Roitman e Paulina Wacht. Rio de Janeiro, Alfaguara, 2011, p. 258, grifos meus.

Em perfeita sintonia com o método girardiano, a novela explicita o que tantos discursos acadêmicos silenciam. Aliás, muitas das formas contemporâneas de violência se fazem mais extremas precisamente pela ausência de estruturas formais e institucionais de controle de rivalidades. É nesse território sem lei que ocorre a livre explosão da *cobiça, nua e crua*. Eis aí o narcotráfico, o feminicídio e os abusos sofridos pelos imigrantes sem visto – para não falar na Amazônia descrita pelo personagem do romance.

Porém, e aqui se anuncia a radicalidade do duplo vínculo da experiência histórica latino-americana, em outras tantas regiões do continente, o motor da violência é paradoxalmente a presença do Estado, com seus aparatos repressores e suas políticas públicas autoritárias. Dessa forma, se a informalidade de certas relações sociais e econômicas criou tipos alternativos e fecundos de convívio, ao mesmo tempo, tal informalidade gerou maneiras particularmente cruéis e arcaicas de violência, alimentadas pelo arbítrio típico de tais situações.

Sendo assim, o paradoxo é pura perversão: o Estado formalmente constituído, com sua corrupção crônica, e o crime organizado, com sua presença tentacular, e às vezes assistencialista, se transformam surpreendentemente em duplos miméticos.

(Como sempre, se trata do duplo vínculo que constitui o universo da interdividualidade coletiva.)

É chegada, então, a hora de esclarecer o que Gregory Bateson chamou de *double bind*. O duplo vínculo designa exatamente um tipo de relação neurótica em que duas ordens não apenas contraditórias, como também mutuamente excludentes, são dadas à mesma pessoa. Nas palavras de Bateson, trata-se de "uma situação na qual, não obstante o que a pessoa faça, ela nunca conseguirá obter êxito".[7] Isso porque a estrutura das ordens torna inviável cumpri-las simultaneamente.

O duplo vínculo pode produzir sérios distúrbios – por exemplo, a esquizofrenia –, sobretudo quando o caráter paradoxal das ordens não é passível de ser discutido, não pode nem mesmo ser verbalizado. Em outras palavras, quando, além da presença de ordens que se contradizem, há uma interdição posterior e fundamental: não se pode formular perguntas, quanto menos questionar, às ordens que anulam a si mesmas. A impossibilidade de executar a tarefa e, por sua vez, a necessidade imperiosa de fazê--lo produz uma instabilidade que, se for continuamente imposta a uma pessoa, pode levar a distúrbios mentais permanentes, pois a estrutura de duplo vínculo cria condições que "tornam proibitivo que a vítima escape do campo" de atuação do círculo de *double bind*, ficando assim presa na repetição neurótica de sua própria impossibilidade.[8]

Chego agora a uma questão decisiva: se, nas reflexões que desenvolvi, sempre busco transitar do interdividual ao interdividual coletivo, cabe então perguntar: o que pode acontecer com uma sociedade quando constantes relações de duplo vínculo lhe são impostas diariamente?

---

[7] Gregory Bateson, "Toward a Theory of Schizophrenia". *Steps to an Ecology of Mind*. Chicago and London, The University of Chicago Press, 2000, p. 201.
[8] Idem, p. 207. No original: "A tertiary negative injunction prohibiting the victim from escaping the field".

É o caso do cotidiano nas grandes cidades latino-americanas; de fato, a circunstância determinante na formação das culturas de nossa América. A violência cotidiana na América Latina não é fato recente, e sim um dado estrutural que remonta às origens da organização social e continua atuando como um oceano que cinge eventuais arquipélagos de modernidade.

Em princípio, essa conclusão não deve parecer surpreendente, mas óbvia. Segundo os mesmos pressupostos da teoria mimética, a violência é a matriz estrutural das primeiras instituições propriamente humanas. Nesse nível, não pode haver uma diferença qualitativa na violência estrutural em latitudes distintas, já que sempre se trata do resultado da mesma atitude fundamental: desejar mimeticamente.

Não obstante, a violência não se dá do mesmo modo em contextos diferentes; se assim fosse, o pensamento girardiano seria monolítico e estático. De fato, a citação de Vargas Llosa sugere que o caráter estruturante da violência, traço central da teoria mimética, possui no cotidiano latino-americano uma vigência que não se pode ocultar com facilidade. O começo do parágrafo chama a atenção justamente pelo seu nível de generalidade: "– A maldade está na nossa alma, meu amigo – dizia, meio de brincadeira, meio a sério". Ora, desejar mimeticamente é um traço próprio do ser humano e que, se não for mantido sob controle, gera uma escalada de violência; por isso, o tom generalizante da afirmação. Nos termos desse romance, esta é a própria origem da maldade mencionada pelo personagem. Além desse traço inicial, em certos lugares dessa terra "*a maldade (...) pode mostrar a cara*", introduzindo uma nota histórica no marco antropológico.

Por que *mostrar a cara*?

Responder a essa pergunta é outra maneira de descobrir um vínculo, duplo e inesperado, entre a teoria mimética e as circunstâncias latino-americanas; relação que se constrói justamente a partir da noção de duplo vínculo.

3. O Outro e o "outro"

Parto de uma reflexão oportuna de Carlos Pereda:

> (...) é próprio do colonizado não confiar na experiência da Primeira Pessoa, só podendo confiar, portanto, na experiência da Segunda Pessoa, que coloniza sob o amparo do ponto de vista da Terceira Pessoa. Assim, para o colonizado só existe o Outro (é o nosso caso, *sobretudo se esse Outro fala inglês, francês ou alemão*). Por isso, faz parte da arrogância do colonizado estar inteirado das últimas notícias sobre o Outro. Por outro lado, não existe outro para o colonizador: existe Ele e apenas Ele. Essa é a arrogância do colonizador.[9]

No caso latino-americano, o século XIX é palco das lutas pela independência. Sendo assim, um duplo

---

[9] Juan Manuel Escamilla, "Filosofía en Primera, en Segunda y en Tercera Persona. Entrevista a Carlos Pereda". *Open Insight*, III, número 4, julho de 2012, p. 150, grifos meus.

vínculo marcou o desenvolvimento de cada projeto nacional, cuja consequência mais séria foi a construção de estruturas sociais que podem ser chamadas com propriedade de esquizofrênicas, se o fizermos com base na teoria de Gregory Bateson. Ou seja, indivíduos submetidos constantemente a relações de duplo vínculo acabam desenvolvendo formas específicas de esquizofrenia, especialmente se não conseguem exprimir com palavras o questionamento às contradições inerentes a tais situações.

Sendo assim, volto à pergunta-chave: quais seriam as consequências da presença dominante desse tipo de relação no plano da interdividualidade coletiva? É possível supor um projeto nacional que padeça de formas pontuais de esquizofrenia? Em termos emprestados da teoria mimética, qual seria o modelo de *desconhecimento* (*méconnaissance*) que permitiria a fundação de um sistema social como este no século XIX?

Como explicar que continue vigente em pleno século XXI?

A reflexão de Carlos Pereda ajuda a conceituar o duplo vínculo latino-americano. Trata-se de um fenômeno constituído por uma assimetria igualmente dupla, com sentidos diametralmente opostos, cujos efeitos na organização social são, no entanto, determinantes – eis a hipótese que ofereço.

Por um lado, as culturas latino-americanas moldaram-se à imagem de um Outro quase absoluto. Sua hegemonia nunca foi posta, nem é posta até hoje, em questão; pelo contrário, costuma ser aceita como uma verdadeira segunda natureza, uma "respiração artificial",[10] como se fosse a pele que nos reveste. A segundidade da circunstância não hegemônica corresponderia "naturalmente" à primazia desse Outro: europeu no século XIX; posteriormente, no século seguinte, norte-americano. Em ambos os casos, só se pode "estar inteirado das últimas notícias sobre o Outro" porque se lhe atribui uma superioridade essencial e inquestionável.

De fato, como se continuasse atual a mentalidade de Camilo Seabra, protagonista de "A Parasita Azul", conto de Machado de Assis, publicado em 1872.

Escutemos o narrador:

> Havia já um ano que o filho do comendador estava casado, quando apareceu na sua fazenda um viajante francês. Levava cartas de recomendação de um dos seus professores de Paris. Camilo recebeu-o alegremente e pediu-lhe *notícias da França*, que ele ainda amava, dizia, como a *sua pátria intelectual*. O viajante disse-lhe muitas coisas, e sacou por fim da mala um maço de jornais. Era o *Fígaro*.
> – O *Fígaro*! exclamou Camilo, lançando-se aos jornais.
> *Eram atrasados, mas eram parisienses.*[11]

---

[10] Aproveito o título do instigante romance de Ricardo Piglia, *Respiração Artificial* (1980).
[11] Machado de Assis, "A Parasita Azul". In: *Obra completa*, vol. II. Rio de Janeiro, Nova Aguilar, 1986, p. 191, grifos meus.

A ironia de Machado é uma faca de dois gumes, deixando às claras a dependência a que (até hoje) nos submetemos (quase) espontaneamente a centros de poder cultural sobretudo se esse Outro fala inglês, francês ou alemão. (Como se a hegemonia cultural fosse um dado da natureza.)

4. O duplo vínculo latino-americano

A formação social latino-americana teve como liga a exploração sistemática de uma parcela expressiva do povo que proponho denominar de "outro outro".[12] Trata-se do negro escravizado, do indígena submetido a condições inumanas, do mestiço condenado como se fosse um teimoso Calibã, híbrido e impuro. Nesses casos, a primeira coisa que lhes foi roubada foi a dignidade, ao subtrair-se plenamente o reconhecimento dos seus direitos mais elementares. Por último, foi-lhe atribuída uma inferioridade étnica "cientificamente" demonstrada – como se acreditava naquela época. Em todas essas situações, se forjou a imagem de um "outro outro" que se busca tornar

---

[12] Kenneth David Jackson utilizou o conceito em um sentido positivo, sugerindo a plasticidade intelectual e artística derivada da circunstância não hegemônica: "Com a antropofagia, Oswald inventa e se converte no 'outro outro'. (...) Nem colonial, nem indígena, o intelectual se torna um 'outro outro' (...)". K. David Jackson, "Novas Receitas da Cozinha Canibal. O 'Manifesto Antropófago' nos anos 1990"; João Cezar de Castro Rocha & Jorge Ruffinelli (eds.), *Anthropophagy Today? Nuevo Texto Crítico*, 23/24. Califórnia, Stanford University, 1999, p. 278. Registro o sentido atribuído por David Jackson, mas busco imprimir lhe uma diferença que esclareça a zona de sombra da interdividualidade coletiva. [Em edição brasileira: *Antropofagia Hoje? Oswald de Andrade em Cena*. São Paulo, É Realizações, 2011.]

invisível, pois olhar para ele levaria ao descobrimento de um indesejável duplo mimético.

Esclareço o que disse recorrendo a um contraste.

O pensamento de Emmanuel Levinas parte justamente de um princípio oposto. Para o autor de *Totalité et Infinie*,[13] o outro é a potência de outro eu, e como tal deve ser visto.[14] Assim, há uma comunhão possível entre diferentes sujeitos, pressuposto que favorece o diálogo e fomenta o respeito recíproco. A promessa de uma simetria intersubjetiva é o projeto utópico do seu pensamento, arraigado no que se poderia chamar de "humanismo estrutural". Tal simetria não se confunde com uma mesmidade absoluta, uma negação de diferenças individuais, e sim implica o reconhecimento ontológico do outro, estabelecendo a alteridade como valor próprio.

Aconteceu o contrário no caso da interdividualidade coletiva latino-americana. O Outro estrangeiro foi alçado a uma condição de superioridade inquestionável, enquanto o outro, digamos, interno, foi reduzido à triste figura de um

---

[13] Assinalo um comentário agudo: "Uma aproximação comparada dos pensamentos de Girard e Levinas nos permite vislumbrar, *entre os dois*, um desejo que seria nem tanto de competição quanto de emulação". Benoît Cantre, "*D'un 'Désir Métaphysique' à l'Autre: Levinas et Girard*". In: Mark R. Anspach (org.), *Les Cahiers de l'Herne*, op. cit., p. 220, grifos do autor.

[14] Para uma relação fecunda entre os pensamentos de René Girard e Emmanuel Levinas, leia-se, de Carlos Mendoza-Álvarez, *El Dios Escondido de la Posmodernidad. Deseo, Memoria e Imaginación Escatológica. Ensayo de Teología Fundamental Posmoderna*. Guadalajara, Iteso, 2010. [Em edição brasileira: *O Deus Escondido da Pós-Modernidade: Desejo, Memória e Imaginação Escatológica. Ensaio de Teologia Fundamental Pós-Moderna*. Trad. Carlos Nougué. São Paulo, É Realizações, 2011.]

"outro outro"; imagem de um passado do qual era urgente se apartar ou não se chegaria a tempo ao encontro marcado com a modernidade que se obstinava em mimetizar o atávico eterno retorno a esse "outro outro". A consequência mais grave dessa atitude foi, e continua sendo, o desprezo vitimário pelo "outro outro"; perfeito bode expiatório para nossa angústia em imitar fielmente o Outro. Carlos Fuentes diagnosticou com ácido senso de humor essa ansiedade: "As imitações extralógicas da era independente acreditaram em uma civilização Nescafé: podíamos ser instantaneamente modernos excluindo o passado, negando a tradição".[15]

Trata-se, assim, de propor uma série de perguntas.

Como entender o feminicídio que ocorre já há mais de uma década em Ciudad Juárez? Isto é, como entender que nos acostumemos com o inominável; como se fosse parte natural do cotidiano? Como é possível que no Brasil se receba um número cada vez maior de hispano-americanos sem visto de entrada no país, os quais são convertidos em anacrônicos escravos em pleno século XXI? Por conseguinte, como entender que tratemos aos migrantes que chegam a nossos países da mesma forma como sempre fomos tratados do outro lado da fronteira?[16]

---

[15] Carlos Fuentes, *Machado de la Mancha*. México, D.F., Fondo de Cultura Económica, 2001, p. 10.
[16] Na expressão forte de um teólogo diretamente envolvido com o tema: "Um dos aspectos mais pungentes da minha experiência de sete anos de ministério na Casa del Migrante, em Tijuana, foi, sem dúvida, o encontro com a trágica realidade dos milhares de homens, mulheres e crianças que morreram atravessando 'clandestinamente' a fronteira entre o México e os Estados Unidos". Gioacchino Campese, *Hacia una Teología desde la Realidad de las Migraciones. Métodos y Desafíos*. México, D.F., Cátedra Eusebio Francisco Kino, 2008, p. 105.

Nem sequer menciono os becos sem saída provocados pelo narcotráfico em nossos países, com suas ressonâncias tentaculares nos mais diferentes níveis do tecido social. E isso para não voltar mais uma vez à corrupção endêmica que assombra nossos assuntos políticos – o Leviatã da democracia no continente é o próprio poder, com suas estruturas de corrupção e cooptação.

Compreenda-se o sentido do questionamento: a teoria mimética possui uma aproximação rigorosa da violência; por isso, uma reflexão mimeticamente inspirada sobre as circunstâncias latino-americanas deve iluminar ângulos do dilema que permanecem ocultos em outros tipos de abordagem teórica.

É precisamente o que propôs Mario Roberto Solarte em sua apropriação do pensamento girardiano, com a finalidade de superar as consequências da vitimação do "outro outro":

> O núcleo do processo de transformação rumo à não violência é a irrupção do rosto do outro, rosto que pode mudar nossa violência. É a renúncia gratuita, totalmente imaginativa, arriscada e criativa, a continuar com os comportamentos violentos, o que cria uma nova possibilidade de mímesis não violenta.[17]

Eis aí a resposta-chave: o "outro outro" sofre um processo de invisibilização social desde os tempos coloniais;

---

[17] Mario Roberto Solarte, "Mímesis y Noviolencia. Reflexiones Desde la Investigación y la Acción". *Universitas Philosophica*, ano 27, n. 55, 2010, p. 64.

por isso, a irrupção do rosto do outro pode ser o primeiro passo para reconhecê-lo como "outro eu".

Ora, se acompanharmos o prognóstico apocalíptico de René Girard em *Achever Clausewitz*, no plano político e social contemporâneo, e não só na América Latina, a onipresença da mediação interna costuma gerar uma violência arcaica que já não produz nenhum sagrado, e sim multiplica a mesma violência.

No caso latino-americano, tal situação foi dominante desde as suas origens. Aqui, impõe-se uma pergunta: como converter tal circunstância em reflexão que favoreça a superação da *méconnaissance* fundadora das culturas latino-americanas? Penso em uma sutil, e por isso mesmo particularmente cruel, técnica de invisibilização social aperfeiçoada por nossas elites desde a colônia.

(Daí a relevância da reflexão de Carlos Mendoza-Álvarez e Mario Roberto Solarte.)

Como caracterizar essa técnica? Como entender o desconhecimento que permite o desprezo vitimário pelo "outro outro"?

Responder a tais perguntas é uma tarefa urgente, pois, como bem recorda Girard (e vale sempre a pena repeti--lo): "Um bode expiatório é eficaz enquanto acreditarmos em sua culpa. Ter um bode expiatório é não saber que temos um bode expiatório".[18]

---

[18] René Girard, *Rematar Clausewitz: Além Da Guerra*. Trad. Pedro Sette-Câmara. São Paulo, É Realizações, 2011, p. 28.

Assim, conceituar a indiferença vitimária pelo "outro outro" é uma forma de superar a eficácia que define o fenômeno do duplo vínculo, transformando o desconhecimento estrutural em consciência crítica de nosso próprio envolvimento em processos de exclusão.

5. Estilos de invisibilidade

A *méconnaissance* da formação histórica latino-americana, segundo o que proponho, destaca-se no gênero novo--hispano da pintura de castas. Esse gênero se tornou popular no século XVIII e representava o desejo de disciplinar a mistura de raças – como se dizia naqueles tempos –, expressando o esforço de estabelecer códigos visuais que dessem conta da diversidade surgida das inúmeras permutações entre etnias distintas: a indígena, a europeia, a africana. Trata-se de um projeto complexo, cujo público principal era constituído por europeus, ávidos por informação exótica sobre o Novo Mundo. Este aspecto ajudou a moldar a forma dessa peculiar representação visual.

Daí a estrutura didática das telas. Por um lado, o artista acrescentava dados relativos ao vestuário característico atribuído às castas representadas. De igual modo, dava notícias dos afazeres cotidianos da colônia, incluindo informações sobre o tipo de comida disponível ou associada com os tipos expostos. Por outro lado, o pintor agrupava casais de etnias diversas, tornando visível o fruto da mestiçagem, que era devidamente explicado através de fórmulas com sabor matemático: A + B = C. Álgebra de entomólogos, desejosos de fixar definitivamente o que não para de se transformar. Heraclitianas sem sabê-lo, as castas expunham o fracasso do esforço no mesmo momento do seu apogeu. Impossível tabela periódica de etnias, *ars combinatoria* do incontrolável: a própria multiplicação das misturas, em todos os níveis, que fundaram as culturas latino-americanas.

Vejamos as sete primeiras permutações das dezesseis que constituem o modelo de um dos mais célebres pintores do gênero, Miguel Cabrera:

1 Espanhol com Índia = Mestiço
2 Espanhol com Mestiça = Castiço
3 Espanhol com Castiça = Espanhol
4 Espanhol com Negra = Mulato
5 Espanhol com Mulata = Mourisco
6 Espanhol com Mourisca = Albino
7 Espanhol com Albina = "Salta-atrás"

(...)

Paremos nesta última combinação, pois não pretendo dissecar o gênero, e sim assinalar o seu caráter de duplo vínculo, reforçando sua natureza paradoxal.

Vejamos.

A pintura de castas mostra a diversidade irredutível das etnias presentes no Novo Mundo, mas, ao mesmo tempo, oculta, ou ao menos *naturaliza*, a intenção subjacente ao gesto pictórico. A pluralidade ameaçava tornar incontrolável a mestiçagem dominante na colônia; daí o afã classificatório e aparentemente objetivo. No entanto, seu olhar não se dava com "olhos livres", como propôs Oswald de Andrade em seu "Manifesto da Poesia Pau-Brasil", publicado em 1924.[19] Pelo contrário, a perspectiva que orientava a pintura de castas era muito clara e tinha direção precisa: quanto mais próxima do espanhol, ou seja, da etnia europeia, melhor era avaliada a permutação definidora do gênero.

Nesse sentido, o terceiro elo promete uma espécie de depuração que permite voltar à imagem possível de pureza em uma sociedade estruturalmente híbrida: o resultado da mistura garante como fruto a promessa de "retorno ao espanhol". Agora, veja o que acontece nas permutações 4, 5 e 6: ocorre um tipo de contaminação, pois, passo a passo, as castas se afastam da origem europeia. Por fim, se chega a uma definição que, já por si, vale por um ensaio crítico: "salta-atrás".

Reitero um ponto decisivo: a pintura de castas simultaneamente mostra e oculta; assinala e naturaliza o assinalado. O caráter paradoxal do gesto revela com tintas fortes o duplo vínculo latino-americano e sua forma própria de *méconnaissance*: tornar o "outro outro" "invisível" através de uma forma peculiar de "visibilidade".

Um contraexemplo esclarece a hipótese.

Na pintura brasileira não se desenvolveu um gênero semelhante, ainda que a experiência da mestiçagem seja

---

[19] "Nenhuma fórmula para a contemporânea expressão do mundo. Ver com olhos livres." Oswald de Andrade, "Manifesto da Poesia Pau-Brasil". In: *A Utopia Antropofágica*. São Paulo, Editora Globo, 1990, p. 44, grifos do autor.

central na formação do país. Não obstante, Modesto Brocos, pintor espanhol radicado no Brasil, produziu, em 1895, uma tela na qual projetou a mistura de etnias. A tela se chama, sintomaticamente, *A Redenção de Cam*, e o título do quadro se refere ao episódio bíblico da maldição do filho de Noé. No século XIX, tal episódio era comumente associado à etnia africana.

Eis, então, a representação proposta por Brocos: em frente a uma casa pobre, localizada no mundo rural, símbolo do atavismo que impede a modernização, três gerações de uma família celebram o nascimento de um menino. A avó, negra, ergue as mãos ao céu, comovida por uma graça muito ansiada e finalmente recebida. O conjunto da cena explica o gesto: sua filha é mulata; seu cunhado, um camponês humilde – *pobre, mas branco*, e esse é o ponto-chave. Por fim, o neto, no centro da tela, é ainda mais branco que seu pai. Ele olha para a avó, apontada significativamente por sua mãe, como se atestasse o benefício oriundo de seu casamento, isto é, o "embranquecimento" da família – naquela época, a ideologia dominante e inclusive oficialmente apoiada.

"Visibilidade débil", portanto, é de fato a forma de não ver o que se encontra na frente dos olhos: é o desconhecimento que nutre o desprezo vitimário por esse "outro outro". Eis aqui, proponho, a violência estruturalmente latino-americana: a "carta roubada" que se encontra nas origens de nossa América.

O duplo vínculo latino-americano, portanto, parte de um tipo muito especial de "visibilidade" para produzir uma forma surpreendente de "invisibilidade".

O "outro outro", portanto, se define por uma visibilidade débil,[20] que evidencia sua vulnerabilidade perante os arbítrios da desigualdade social.

Por isso, como Carlos Mendoza-Álvarez nos recordou agudamente em seu texto neste livro, não se trata de dar-lhes voz, mas sim de efetivamente escutá-los; da mesma forma, não se trata de recordar que têm rostos, mas de não esquecer que quase nunca nos comprometemos verdadeiramente a vê-los como a projeção de possíveis *eu*, nos quais também podemos nos transformar.

---

[20] Como se percebe, me inspiro no conceito de *pensiero debole* proposto por Gianni Vattimo. Ver, sobre esse assunto, René Girard e Gianni Vattimo, ¿*Verdad o Fe Débil? Diálogos sobre Cristianismo y Relativismo*. Barcelona, Paidós, 2011. Destaco a introdução, de Pierpaolo Antonello, p. 9-29.

capítulo 4
a emulação produtiva: Machado de Assis e a cultura latino-americana, segundo João Cezar de Castro Rocha

José Luís Jobim

O termo emulação é associado atualmente a práticas no meio digital que remetem a coisas como a reprodução, por um programa de computador, do comportamento de outro *software*. Antes do século XVIII, quando se tratava de produção textual, esse termo designava uma prática de escrita em que o autor, conhecedor de outras obras e autores vistos como modelares, buscava escrever à maneira desses modelos, porém elaborando novidades em relação àqueles autores e obras. Tratava-se, portanto, da introdução de uma inovação que pretendia aprimorar um modo de escrita anterior. Mais tarde, o Romantismo vai introduzir a ideia de inovação absoluta, supostamente desligada de qualquer modelo anterior – ideia que será levada ao extremo pelas vanguardas do início do século XX.

Em nosso meio, dificilmente o termo emulação é empregado por críticos que tratem de autores e obras a partir do século XIX, razão pela qual soa estranho aos ouvidos do público contemporâneo o título do livro de João Cezar de Castro Rocha, *Machado de Assis: por uma Poética da Emulação* (2013), que ganhou o prêmio de crítica literária da Academia Brasileira de Letras.

A seguir, procuraremos mostrar como Rocha desenvolve uma tese, inicialmente sobre a obra machadiana, depois sobre o sistema cultural latino-americano, através da qual busca ressignificar a emulação, associando-a à produção de uma escrita dialógica com a tradição europeia anterior. Vejamos, então, como se desenvolve a argumentação do livro de 2013, para então apontarmos as conexões com o livro de 2014, não por acaso intitulado *¿Culturas Shakespearianas? Teoría Mimética y América Latina*. Comecemos pelo primeiro livro.

Machado de Assis: *por uma Poética da Emulação*[1]

Esse livro de 2013 apresenta pelo menos dois aspectos relevantes: 1) uma tese abrangente sobre o modo de produção literária de Machado de Assis (1839-1908), da qual derivam outras teses mais gerais sobre modos de produção em sistemas literários não hegemônicos; 2) uma

---

[1] Nesta seção, citarei este livro mencionando as páginas citadas no próprio texto.

leitura detalhada e comparativa da obra machadiana, que tanto busca comprovar a tese levantada quanto enriquece a fortuna crítica machadiana, com observações agudas e pertinentes sobre diversos aspectos de sua obra.

A tese geral propõe que Machado se distancia da concepção romântica de originalidade. Aquela concepção valorizava a origem do texto no sujeito autoral: se o sujeito era singular e único, o texto originado nele também deveria sê-lo. Segundo Rocha, Machado reintroduz a ideia de emulação, contra a qual o Romantismo brasileiro se insurgiu, mas que, como dissemos, teve ampla aceitação no Brasil pelo menos até o século XVIII. Como Machado produziu entre a segunda metade do século XIX e o início do XX, a *aemulatio* seria um anacronismo deliberado, por meio do qual o autor se metamorfosearia em leitor agudo da tradição, através de reciclagens e ruminações que levariam à celebração das filiações, pois elas assegurariam o ingresso no circuito da tradição:

> A técnica da emulação propõe partir da imitação consciente de um modelo prévio com o objetivo de acrescentar-
> -lhe dados novos. Desse modo, o resgate deliberadamente anacrônico da técnica da *imitatio* e da *aemulatio* transforma a secundidade da condição periférica em fator potencialmente produtivo (107).

Assim, a invenção machadiana teria como referência primordial a *inventio* de séculos anteriores, que não era vista como fruto de uma subjetividade autoral, mas, isto sim, de uma relação com a tradição anterior, que não excluía a inovação: "No simples ato de reciclar a tradição de maneira pouco convencional, novos elementos surgem, criando condições para ousadias formais de grande alcance" (330).

Assim, as alterações que Machado elabora em diversas citações e alusões, por exemplo, visariam um leitor que, por conhecer as fontes da tradição, também poderia apreciar a alusão a essas, na estrutura modificada: "Emendar o alheio, a fim de torná-lo próprio, é o *modus operandi* da *aemulatio*. Nesse procedimento, a memória desempenha papel central e, especialmente, suas falhas voluntárias" (308).

A ideia do anacronismo deliberado relacionada à emulação também serviria de pano de fundo à crítica de Machado a Eça de Queirós, em que ele reconstrói o possível diálogo de Eça com a tradição francesa, colocando em xeque o alinhamento acrítico com a escola realista, mas sem condenar a apropriação queirosiana do romance francês. No momento em que a ideia de originalidade (inclusive nas suas relações com o desenvolvimento da noção de propriedade no direito autoral) era francamente majoritária no meio intelectual brasileiro, é impressionante que Machado tenha dito que Eça, embora *imitasse*, não era *simples copista*, porque era "homem de talento". Considerar que é possível um talento desenvolvido através da imitação seria uma novidade na época, para ouvidos educados nos princípios da estética romântica, pois isso ameaçaria apagar a diferença entre voz própria e dicção alheia. Somente uma visão mais abrangente, como a de Machado, poderia incluir como pressuposto da criação algo mais do que o talento individual, de alguma forma recuperando as ligações com o passado: "(...) até a explosão romântica, desde a Antiguidade Clássica, o sistema literário obedecia a uma dinâmica diferente, na qual o repertório literário comum, isto é, a tradição, era o ponto de partida obrigatório de cada 'nova' criação" (139).

No que diz respeito à hipótese mais geral sobre modos de produção em sistemas literários não hegemônicos, Rocha argumenta que Machado traz para a estrutura do seu texto uma circunstância bem latino-americana, de que as concepções de literatura e dos vários tipos de texto classificados na tipologia dos gêneros literários já estavam previamente configuradas na Europa, antes de chegarem à América Latina. A tradição, assim, significa também tradução, mesmo nos casos em que o adágio italiano [*traduttore traditore*] se aplicava, como as traduções francesas que explicitamente "traíam" o texto original de Dostoiévski:

> Os primeiros romancistas foram necessariamente leitores atentos, às vezes críticos de pelo menos dois séculos do romance europeu. Machado se assenhoreou do conjunto da tradição ocidental, sem negligenciar o estudo de seus pares de língua portuguesa e o exame da literatura estrangeira recente (344).

Estudando na obra machadiana as referências a autores lusófonos, como Eça de Queirós e Camões, ou a escritores de outras literaturas ocidentais, como Luciano, Virgílio, Flaubert, Fielding, Sterne, Defoe, Shakespeare, entre outros, Rocha não tem o objetivo de apontar supostas fontes, é claro, pois isso estaria em franca contradição com o argumento desenvolvido por ele. De fato, o que Rocha faz é mostrar as articulações entre os pressupostos criativos dos autores com quem Machado dialoga e os fundamentos da produção literária machadiana. Para isso, Rocha traz à baila elementos referentes à história literária e cultural, lançando mão de um volumoso e diversificado arco de referências. Em seu percurso, ele dialoga com a crítica brasileira e internacional sobre Machado, faz leituras agudas e extensivas da obra machadiana e traz uma contribuição nova e importante, muito especialmente para o estudo da relação de Machado com a crítica e a literatura de língua inglesa.

Nesse âmbito, Rocha destaca a relevância de Shakespeare como um mestre na emulação da tradição literária:

> Machado aprendeu muito com Shakespeare: nem tanto por temas ou tramas, mas na forma de lidar com a tradição e o mundo contemporâneo. O brasileiro também intuiu a arte de escrever para públicos diversos, imaginando, na superfície serena dos textos, possibilidades múltiplas de leitura (316).

Para o crítico carioca, Shakespeare é tão produtivo que lhe serviu de referência no próprio título do segundo livro, publicado no México, que vamos examinar a seguir.

¿Culturas Shakespearianas? Teoría
Mimética y América Latina[2]

O título do livro de João Cezar de Castro Rocha, escrito em espanhol, já leva o leitor a formular perguntas. Por que *culturas shakespearianas*? De que *teoria mimética* o autor está falando? O que tem essa teoria a ver com *América Latina*? A leitura da obra torna mais claras as articulações entre todos esses termos, fornecendo respostas a essas questões.

Embora os temas trabalhados pelo dramaturgo inglês também sejam analisados por Rocha, o adjetivo *shakespearianas*, atribuído às culturas da América Latina, refere-se basicamente ao modo de produção de Shakespeare, autor que efetuou uma reiterada apropriação de seus antecessores ou contemporâneos, fazendo uma espécie de *milkshakespeare* com elementos provenientes de diferentes fontes, que se combinam para formar sua obra.

Rocha argumenta que Shakespeare foi o autor canônico da literatura ocidental que mais se aproveitou do alheio:

> Segundo os eruditos, das 37 peças que compõem seu teatro completo, no famoso *First folio* de 1623, nada menos que 33 resultam da combinação de fontes diversas, portanto de *invenções*, e não de enredos originalmente

---

[2] Nesta seção, citarei este livro mencionando as páginas citadas no próprio texto.

criados pelo dramaturgo. Portanto, somente 4 textos possuem uma história inteiramente imaginada por Shakespeare, e mesmo nesses casos ele recorreu a sugestões variadas para cenas específicas e diálogos dos personagens, a fontes diversas e sobretudo heteróclitas. Não só aos clássicos mas também aos contemporâneos. Shakespeare se apropriou das comédias de Plauto e Terêncio, das tragédias de Sêneca, dos relatos de historiadores, crônicas medievais, episódios históricos, lendas. Por sua vez, estudou o trabalho de seus pares, assimilando sem nenhum prurido suas melhores ideias e soluções cênicas (147).

Para Rocha, o termo invenção designa uma elaboração consciente de diálogo intertextual com autores contemporâneos e anteriores, enquanto criação tem como referente uma concepção romântica de surgimento da obra a partir de um autor demiurgo, que imagina só pagar tributo à sua própria subjetividade autossuficiente. A invenção shakespeariana seria a marca das culturas da América Latina.

Já a teoria mimética no título designa predominantemente o uso de uma concepção elaborada por René Girard. Segundo Rocha, para esse pensador francês, o desejo mimético é derivado de um *outro* modelar, e, ao mesmo tempo, gerador de aspirações que, por serem analógicas às desse *outro*, podem resultar em cobiça e competição pelo mesmo objeto de desejo, tendo como consequência a violência.

Se o *eu* não deseja a partir de uma subjetividade autocontida, mas o faz a partir de um *outro* tomado como modelo para seu próprio desejo, então esse desejo não é determinado exclusivamente pelo *eu*, pois provém do *outro*. Em vez de remeter a um sujeito intransitivo, o desejo mimético remete a uma transitividade social. Rocha assinala que, na concepção de Girard, o *eu* não elabora seu desejo de forma independente do grupo social em que se encontra. Ao contrário, é derivado do *outro* adotado como modelo. Trata-se de uma concepção, portanto, que se situa a contrapelo de uma certa ideia moderna de sujeito autônomo e autossuficiente. A concepção girardiana, inversamente, remete a um altercentrismo e a uma articulação social da subjetividade. Assim, se há um modelo para a constituição do desejo, existe em um primeiro momento uma espécie de relação entre mestre e discípulo; mas, em um segundo momento, o antigo modelo tende a transformar-se em rival: "Se desejo de acordo com o desejo de um modelo, isso quer dizer que necessariamente desejaremos o mesmo objeto – quer seja um objeto físico, simples, do cotidiano, quer seja um objeto mais complexo, um sentimento, ou um objeto metafísico, o desejo de ser exatamente como meu modelo (51-53)". Esse desejo canalizado para o mesmo objeto, nessa linha de raciocínio, é causa primordial de violência, podendo daí emergir a vingança (quando o objeto de desejo do sujeito é tomado por outro) ou o ressentimento (quando o sujeito não consegue apropriar-se do objeto), mas essa violência socialmente desagregadora pode ser sublimada através de recurso ao *bode expiatório*.

Para Rocha, as *culturas shakespearianas* são formas particulares do altercentrismo identificado por Girard, e uma história cultural latino-americana, pensada a partir da teoria mimética, deveria ser a reconstrução do processo no qual o alheio se transforma no próprio (128).

Isso significaria colocar em xeque os pressupostos vigentes desde pelo menos o Romantismo oitocentista, especialmente nos itens referentes ao nacionalismo e ao individualismo autoral, e pensar em uma "poética da emulação" (característica das *culturas shakespearianas*) como estratégia desenvolvida em situações assimétricas de poder, nas quais o lado menos favorecido dos produtores artísticos adota o procedimento de incorporar criticamente o que vem do lado mais favorecido, criando a partir e além da herança com a qual dialoga.

Rocha argumenta que, se na história literária desenvolvida desde o século XIX o fator nacional ganha destaque, e no domínio emergente da Literatura Comparada se esboça uma espécie de competição entre nações – gerando perguntas como "Quem foi mais influente: Goethe na França ou Rousseau na Alemanha?" –, esse tipo de comparatismo não teria sentido na América Latina, pois o oposto não ocorre. Quem imaginaria nos oitocentos um autor brasileiro ou mexicano influenciando autores franceses ou alemães?

Essa pergunta, cuja resposta o leitor já conhece, não visa a desqualificar a produção latino-americana, mas a tentar deslocar os parâmetros para a sua qualificação. Não se afirma que não havia autores latino-americanos relevantes até o oitocentos, porque Rocha concorda com Roberto

Fernandez Retamar em um ponto fundamental: não é necessariamente que não tivéssemos produzido autores de qualidade (Garcilaso, Sor Juana, Sarmiento, Hernandez, Machado de Assis, Martí, Dario), apenas não os havíamos exportado (193-194). Aliás, poderíamos também dizer que o próprio desejo de exportação tem ligação com uma certa necessidade de legitimação através do olhar hegemônico: para os escritores latino-americanos, a exportação poderia significar uma aprovação, pelo centro, daquilo que foi exportado da periferia.

Para Rocha, o importante é a compreensão de que o contexto de recepção tardia de culturas alheias pode ser uma vantagem. Em vez de pensar numa *angústia* da influência, como Harold Bloom, ele chama a atenção sobre a *produtividade* da influência. Por que se deveria valorizar apenas o que foi produzido antes, e condenar o que foi produzido depois a uma espécie de inferioridade ontológica? Não seria esse esquema de valorização também algo redutor, em que o *a priori* eternamente valerá mais do que o *a posteriori*?

Rocha traz um seleto número de autores para discutir a resposta a essas perguntas. Pedro Henriquez Ureña, por exemplo, defende o direito a todos os benefícios da cultura ocidental ("herança não é furto"), e crê que a imitação sistemática – aquela que Catulo, Corneille e Molière praticavam – era perfeitamente justificável, e também era praticada regularmente pelos europeus, sem que essa prática fosse considerada negativamente (52).

A imitação sistemática corresponderia à apropriação crítica da herança anterior, visando a melhorá-la, a superá-la através de um diálogo ativo: corresponderia à emulação proposta por Rocha.

Assim, a poética da emulação que o crítico propõe, embora guarde relação com práticas literárias e culturais anteriores ao século XVIII, no Ocidente, de fato é uma espécie de anacronismo deliberado, porque não reproduz o sentido anterior. O que se enfatiza no sintagma culturas shakespearianas é o trabalho crítico na apropriação da herança a que se refere Ureña, gerando a transformação do *alheio* em *próprio*:

> [Em Ureña] se insinua a possibilidade de articular uma poética da emulação como forma propriamente latino--americana, isso é, não hegemônica, de lidar com a presença inevitável do mediador. Dito de outro modo, trata-se de pensar uma autodefinição da própria identidade que conscientemente parte da centralidade do alheio. Nessa circunstância, o desconhecimento se transforma em estímulo para a reflexão. Daí a distância da imitação "sistemática" à imitação "difusa": enquanto esta apenas exige o simples gesto de reproduzir a norma adotada como modelo sem maiores questionamentos, a primeira supõe o desejo de emular o padrão adotado e dessa maneira superá-lo, sem abdicar, entretanto, do diálogo constitutivo com o outro. (...)

Desenvolver uma literatura "afortunadamente influída pelos Joyce, Faulkner ou Virginia Woolf", como desejava García Márquez; supor, como o fez Alejo Carpentier, que "é mister que os jovens na América conheçam a fundo os valores representativos da arte e da literatura moderna na Europa", significa recuperar de maneira criativa o modelo descartado pelo romantismo em outras artes, ou seja, o modelo da *imitatio* e *aemulatio*.

Tal modelo supunha exatamente os passos descritos por Henriquez Ureña: assimilação, apropriação, transformação do mediador. Portanto, a poética da emulação latino-americana pode reunir Gabriel García Márquez, Alejo Carpentier, Joaquim Maria Machado de Assis, Jorge Luis Borges, Roberto Fernandez Retamar, José Maria Eça de Queirós e Pedro Henriquez Ureña, entre outros pensadores e inventores. Estou propondo que determinadas características da história latino--americana levaram o problema da emulação à ordem do cotidiano – e isso desde sempre, quer dizer, desde o momento em que culturas diferentes entraram em jogo, ou seja, sem eufemismos, a partir das invasões europeias (135-36).

Para Rocha, na América Latina o trabalho crítico somente se realiza se as teorias exógenas forem submetidas a uma elaboração transformativa. A suposição de uma vacuidade existencial, derivada de algum modo da falta originária do que o olhar colonial considerava como civilização, pode transformar-se em produtividade intelectual com a poética da emulação. Não se trata, é claro, de presumir que, de fato, houvesse um *vácuo* na América Latina, a ser *preenchido* com um conteúdo europeu. Na direção de sentido apontada por Fernando Ortiz, em seu célebre *El Contrapunteo Cubano del Azúcar y del Tabaco* (1940), ressalta-se que, na América Latina, há uma espécie de encontro, em que as culturas locais e as dos estrangeiros que aqui aportam entram em contato, produzindo a transculturação, que não corresponde nem ao que antes existia no local, nem ao que veio da Europa. Por isso, Rocha acredita que a articulação entre o próprio e o alheio é central às culturas latino-americanas, e essa articulação pode converter, através da poética da emulação, a suposta vacuidade em produtividade intelectual.

Assim, recusar a imitação, propondo a busca de uma hipotética autenticidade ontológica seria ficar refém da ideologia romântica, já ela própria anacrônica, em suas bases oitocentistas. Qual seria a saída, então? Vejamos as palavras do autor:

> Devemos ir além da dicotomia imitação *versus* originalidade. Proponho, nesse sentido, que o próprio das culturas não hegemônicas é o ato de emular, de apropriar-se do outro hegemônico, convertendo-o em estímulo para moldar

identidades sempre mais heteróclitas – ontologicamente poliglotas (191).

A ideia de originalidade valoriza a dessemelhança e a diversidade, tanto na obra quanto no autor. A partir da adoção pelo Ocidente do pressuposto de que cada homem é singular e único, e que deve ser respeitado em sua diferença e dessemelhança com relação aos outros homens, a obra desse homem passa a ser considerada também sob esse parâmetro: ela também é valorizada por ser singular e única, tal qual o autor que a produziu. Ser original significa também, nessa linha de raciocínio, ter origem no sujeito singular e único, herdando dele as características de originalidade.

Essa relação da origem com a originalidade, no caso da literatura em geral, também se impôs, a partir do século XIX na América Latina, na relação entre as ex-colônias e as antigas metrópoles. Na reivindicação de seu suposto caráter singular e único (portanto diferente das antigas metrópoles), as ex-colônias não levaram devidamente em conta a contribuição das metrópoles europeias, inclusive na elaboração do ideário a partir do qual se produziu a ideologia nacionalista que justificou as independências.

Na contramão desse raciocínio que transforma o singular *e* único em critério de valoração, Rocha traz de volta o semelhante e o comum, que frequentemente são chamados de tradição. Em vez de uma originalidade como individualidade absoluta e estanque, uma *origem* marcada pelo peso da História, dos sentidos reelaborados continuadamente por autores e obras, como resultado de relações estabelecidas socialmente.

A partir desse olhar, é possível que a leitura de obras europeias pelos autores latino-americanos não tem como consequência necessária a reprodução do que nelas se leu. De fato, a leitura pode ser uma reelaboração que resulte em algo que conteste, altere, transforme o que estava vigente.

A linha de pensamento adotada por Rocha, de alguma maneira, nos convida a retomar princípios sutilmente adotados por Machado de Assis. Afinal, Machado conhecia seus companheiros literários do século XIX, românticos e realistas, mas deliberadamente adotou procedimentos anacrônicos em relação às práticas literárias daquele século. Como João Cezar de Castro Rocha, nós podemos pensar, alternativamente, que a marca singular e única de Machado, e de outros autores latino-americanos, foi a configuração de uma obra em que o diálogo com outras obras e autores não é denegado por uma suposta busca de individualidade absoluta e estanque.

Ao contrário, esse diálogo é reafirmado por um desejo de marcar o enraizamento em uma comunidade transnacional em que circulam modos de fazer e de entender a literatura que têm como referência sociedades históricas e que se modificam com elas.

Bibliografia

CASTRO ROCHA, João Cezar de. *Machado de Assis: Por uma Poética da Emulação*. Rio de Janeiro: Civilização Brasileira, 2013.
_____. ¿*Culturas Shakespearianas? Teoría Mimética y América Latina*. México, D.F.: Universidad Iberoamericana/ITESO, 2014.

parte II
narrativas da
invisibilização

capítulo 5
os paradoxos da mímesis em tom pessoal
Panagiotis Deligiannakis

A oportunidade de participar da apresentação de um livro nem sempre implica em questões de complacência protocolar, e sim em um ato essencial; sobretudo, quando coincide de termos boa sorte e voltarmos a nos encontrar com pessoas que erroneamente pensávamos tratar-se de desconhecidas, como no caso do professor João Cezar de Castro Rocha, com quem muitas vezes havia entrecruzado no decorrer de minhas fortuitas caminhadas meditativas pelos corredores da Universidad Iberoamericana, na Cidade do México.

Não obstante, o imperativo do presente comentário me insta a sair do anedótico e dar prosseguimento à leitura do livro em questão que, desde o seu título, provoca surpresa. Antes que surpresa, eu confessaria certa perplexidade frente à disposição interrogativa e ao vínculo entre suas partes tão chamativas: *¿Culturas Shakespearianas? Teoría Mimética y América Latina.*

Em primeiro lugar, eu retomaria a primeira frase, interrogativa, sobre "culturas shakespearianas" para propor a urgência de seu detalhamento nos termos de uma "natureza mimética do desejo". Mesmo quando inserido naquele conceito inicial, fundamental e paradoxal, o desejo mimético não deixa de representar o que vemos nos olhos do outro. Assim mesmo, por sua própria natureza, tal desejo remete à necessidade de um modelo sem o qual não podemos olhar nosso próprio rosto. Desde já, nas marcas de discurso do livro, este modelo vem projetado – via mimética – na América Latina.

A mímesis é parte essencial deste encadeamento, e esta, por origem ou por associação com Aristóteles, competiria a mim, por carma ou por algum desígnio maior, anexos ao estatuto acadêmico dos descendentes do Estagirita. Não obstante pese a extensão hermenêutica do termo até a consequência imprescindível de Ricœur, o que interessa aqui não é a mímesis em si, e sim a interpretação dada ao termo pela fonte que rege o argumento do livro, René Girard.

Por último, o componente final do título reincide na teoria mimética e na ilação sobre a América Latina. Por um lado, o título reserva o último toque de surpresa enquanto, por outro, volta a entabular o intermitente diálogo com *A Invenção da América*, de Edmundo O'Gorman.

Depois da primeira aproximação à significativa proposta, que o título principal do livro enuncia e anuncia, caberia nos perguntar em que consiste a surpresa antecipada em seu teor. Consiste, primeiro, em conciliar dois elementos aparentemente indissociáveis ou indissociados: por um lado, o fenômeno religioso e, por outro, o procedimento mimético em um só argumento, cheio de neologismos.

Mais que de virtuosismos, trata-se de ressignificações essenciais que se sintonizam em torno e a partir desse desejo mimético coletivo, ao mesmo tempo que ampliam os alcances significativos da proposta concreta: altercentrismo, em vez de egocentrismo; interdividualidade, em vez de individualidade.

A proposta, portanto, é conciliar o fenômeno religioso com o procedimento mimético e converter a mímesis em uma ferramenta; uma ferramenta hermenêutica em si; uma ferramenta hermenêutica, se preferirem, analógica – para não pensar em um mecanismo reducionista –, com o apoio e a ajuda teórica de René Girard.

E tudo isso, também, com fundamento nas três intuições básicas, que advêm em três momentos e em três obras distintas de René Girard; três intuições que, em sua essência, são paradoxais: no fim das contas, filosofar é pensar paradoxalmente.

Talvez fosse melhor retomar a ideia do paradoxal como παρὰ τὴν δόξαν, sua versão originária, para aludir, digamos, a uma disfunção ou a um contraste radical de uma premissa. Enquanto isso, nós, aristotélicos – ou mais ou menos aristotélicos –, poderíamos pensar em uma capacidade potencial; na potência aristotélica onde os elementos dessemelhantes participam em uma mesma circunstância.

A partir desse primeiro discurso, resta por responder quais são os três paradoxos ou, mais exatamente, as três intuições paradoxais. Relacionada com a primeira referência a Girard, *Mensonge Romantique et Vérité*

Romanesque (1961), o paradoxo inicial é fincado no desejo: o desejo mimético gerativo que, curiosamente, funciona de maneira coletiva e que, em sua aspiração de tornar coesa uma sociedade, gera violência.

Talvez fosse melhor reexaminar a grande mentira do Romantismo, pensada a partir do próprio desejo, como questão individual, indo além de seu caráter determinante, que também é coletivo e, ainda por cima, violento.

A segunda intuição paradoxal corresponde à pesquisa na obra seguinte de Girard, *La Violence et le Sacré*, escrita em 1972. Nessa obra, parte-se da figura do bode expiatório para chegar à proposta da violência institucionalizada. O mito do bode expiatório consiste em algo simples: na necessidade de uma sociedade de gerar ações contra a violência como *feedback* negativo perante qualquer evidência violenta. Ou seja, trata-se de uma resposta em forma de ato, capaz de reagir violentamente à violência gerada.

Estamos falando, então, de uma espiral de violência que, no entanto, tem uma função. Por mais paradoxal que pareça, trata-se da função de institucionalizar os atos coercitivos ou, mais efetivamente, de proceder por meio de tais atos já institucionalizados em prol de uma sociedade coesa e a favor da geração da cultura.

Surpreendentemente, após ser consultada a fonte seguinte, *Des Choses Cachées Depuis la Fondation du Monde* (1978), o discurso dá um salto até o outro polo da mímesis e seu encontro com o fenômeno religioso. Afinal de contas, não é de se estranhar que o procedimento de institucionalização da violência a favor da cultura acabe por comprometer o polo religioso.

Nesse âmbito, caso se trate de um fenômeno religioso arcaico, assume a infeliz modalidade de vitimar alguém: essa exterioridade que está aí para ser castigada violentamente por ser violenta. Em algum momento, todavia, a exterioridade do corpo ou, melhor dizendo, o corpo em si, alheio à coletividade, tem que ser sacrificado.

Nesse ponto surge uma questão ambivalente que oscila entre a promoção da estrutura do sacrifício em si, no caso das religiões arcaicas, e seu oposto, a promoção da natureza do procedimento de vitimar ou de institucionalizar o sacrifício, no caso do cristianismo.

É claro que, precisamente aqui, seria necessário aludir ao termo fundamental *méconnaissance*: o desconhecimento do ato de promover a estrutura institucionalizada da violência a favor de uma sociedade, e o desconhecimento do domínio desse mecanismo.

Méconnaissance, em outras palavras, significa que a pessoa vê o mecanismo, entende o castigo, vê a estrutura da instituição, mas não vê a natureza ou a razão essencial que promove tal mecanismo. Aí, efetivamente, é onde incide o papel do cristianismo, que evidencia a natureza da injustiça cometida contra a vítima, chamada a pagar o total da conta; leia-se, todos contra um.

A outra parte da minha leitura do texto é de caráter aporético, tanto sobre as linhas de pensamento e orientações interdisciplinares subjacentes, como sobre as fontes não

diretamente reveladas de ¿*Culturas Shakespearianas?*...
Ao mesmo tempo, minha revisão na qualidade de simples leitor satisfez a curiosidade de saber com quem, mesmo que indiretamente, dialoga Castro Rocha e em quem René Girard se inspira.

Por ora, eu me limitaria a assinalar que as três obras consultadas de René Girard, as quais, por sua vez, regem os principais alinhamentos argumentativos de Castro Rocha, indicam três orientações distintas. A primeira é literária; a segunda, poderíamos dizer que é psicológico-cultural e a terceira, filosófico-antropológica, em um desdobramento de atitudes variadas perante o mesmo fenômeno entre seus respectivos extremos.

Então, com quem dialoga Castro Rocha? Sim, dialoga diretamente com René Girard. Além do óbvio, no entanto, acrescentaríamos o diálogo discreto e indireto com as etapas e fontes do mesmo autor e o vínculo de cumplicidade de seu discurso para com as disciplinas assinaladas. O resultado final é um discurso gozoso, que se abre a uma feliz multi ou interdisciplinaridade.

Em termos específicos e para os que vão desfrutar deste livro, valeria comentar, por exemplo, o âmbito de *Mensonge Romantique et Vérité Romanesque* como primeiro ato do diálogo com esse campo de estudos propriamente literários: Cervantes, Stendhal, Dostoiévski e Proust.

No segundo ato, o diálogo toma veredas filosóficas e se torna mais apaixonante para aqueles que têm vocação filosófica. Dialoga, sem dúvida alguma, com a *fenomenologia do espírito* e a constituição da subjetividade a partir do reconhecimento do Outro, ainda que Girard sempre dê um salto para ficar com a cereja do bolo.

Mais que uma figura retórica, a afirmação anterior insinua uma apropriação que, etimologicamente, inclui o próprio método de que se vale o autor. Efetivamente, Girard dialoga com Jakobson e com Lévi-Strauss, mas procura de maneira programática a promoção de sua aposta inicial e a permanência do desejo mimético. Assim sendo, dialoga a seguir, em *La Violence et le Sacré*, com o Freud de *Totem e Tabu*, mas fica novamente com o melhor: com a ideia coletiva do assassinato fundador.

Dialoga com Nietzsche em *Des Choses Cachées Depuis la Fondation du Monde*; não com todo o Nietzsche, mas com o de *Genealogia da Moral*. Ainda assim, tampouco permanece com Dioniso; não fica junto de Baco, mas de Cristo. Então, parece que esse salto que dá o investe de uma genialidade e uma espécie de maestria de que os leitores do livro desfrutarão com prazer.

Concluiria, por fim, com um ponto, um paradoxo final, e ao mesmo tempo um toque subliminar, relacionado ao conceito de *Lust nach Untergang*. Essa concepção, se por um lado remete ao que se chegou a chamar de estética da destruição, por outro, não deixa de remeter à centralidade e expansão da violência como "*possibilidade* de um novo tempo";[1] à centralidade da violência na geração da cultura.

[1] João Cezar de Castro Rocha, ¿*Culturas Shakespearianas? Teoría Mimética y América Latina*. México, D.F., Universidad Iberoamericana/Iteso, 2014, p. 97, grifo do autor.

capítulo 6
imaginação graduada em consciência: as circunstâncias da cultura e a efêmera potência das margens

Pedro Meira Monteiro

No espírito da reflexão que nos une, sobre teoria mimética e interdividualidade coletiva, penso que é interessante discutir a emulação como a propõe João Cezar de Castro Rocha em seu diálogo com René Girard e as circunstâncias latino-americanas. Reagindo, portanto, à leitura do recém-lançado ¿Culturas Shakespearianas? Teoria Mimética y América Latina, sugiro inicialmente que a emulação possa ser compreendida em pelo menos dois níveis.[1]

Num primeiro nível, tratar-se-ia da conceituação da emulação como fenômeno capaz de criar e recriar significados a partir de uma colagem. Utilizo a palavra colagem para me referir tanto a um pensamento que se "cola" a outros,

---

[1] João Cezar de Castro Rocha, ¿Culturas Shakespearianas? Teoría Mimética y América Latina. México, D.F., Universidad Iberoamericana/Iteso, 2014.

como a uma imaginação que é composta pela "colagem" de referências. Assim, não me parece exagerado dizer que estamos diante de um pensamento concebido a partir de uma potência que encontra nas vanguardas históricas – latino--americanas ou não – o seu sopro original. Autoconsciente, o pensamento percebe que nada se cria *ex nihilo*, e que o seu barro será sempre o tesouro alheio. Para esse pensamento, todos somos bons ladrões, ou melhor, costureiros minuciosos de um discurso que talvez já tenha sido proferido um dia. Em suma, a emulação é capaz de lembrar que o discurso é sempre a ressignificação de algo prévio.

Até aí, poderíamos supor tratar-se simplesmente de um saber ancestral calcado na tradição humanística, como se a *res literaria* fosse um caudal inesgotável a ser composto e recomposto pelos sábios. No entanto, o sopro moderno dessa colagem está, por assim dizer, na recuperação radical da liberdade que preside essa composição, a qual, insisto, se faz a partir de um barro original, anterior ao momento em que o crítico (ou escritor) cria a sua matéria. Exagerando, poderíamos dizer que, no contexto moderno, a emulação, como proposta por João Cezar de Castro Rocha, chega à mais radical falta de vergonha, ou de culpa, diante da possibilidade de saquear o tesouro alheio. O paradoxo é conhecido, e está, entre outros, em Jorge Luis Borges e em Ricardo Piglia: o bom escritor é, em suma, *um bom leitor*, capaz de buscar no texto alheio o grão de sua própria verdade, a qual, às vezes, se parecerá desconcertantemente à verdade do Outro, que ele/a emula.[2]

---

[2] Por exemplo: Ricardo Piglia, *El Último Lector*. Anagrama, Barcelona, 2005.

O mundo se recompõe a partir desse gesto de *colheita* que todo leitor faz, ao recolher as palavras da página que lê, e posicioná-las novamente na sua própria página, a qual será nada menos que o *novo mundo*, finalmente reimaginado pela ficção.

O gesto também é conhecido, e é magnificamente estudado, entre outros, em *Visão do Paraíso*, de Sérgio Buarque de Holanda, e em *La Invención de América*, de Edmundo O'Gorman, que João Cezar cita com frequência. O poder da ficção estará, portanto, na possibilidade de recriação de um mundo à margem do mundo conhecido, simultaneamente o mesmo e outro. Numa chave que remete à veia utópica do Renascimento e se desdobra nos grandes debates do século XVII, numa linhagem que une Swift a Campanella ou Cyrano de Bergerac (o escritor, não o personagem), trata-se da célebre querela sobre os mundos paralelos.[3] Em suma, a imaginação e a literatura criam universos paralelos.

Em seu livro recém-lançado no México, João Cezar de Castro Rocha vai longe nas consequências desse mecanismo que eu aqui chamo de *colagem*, e que ele compreende a partir da teoria mimética. Recordo, no entanto, que a sua recuperação da emulação, que é sempre mais que a *mímesis*, não sugere uma imitação exata, ou simples *reprodução*, mas sim a produção de uma imagem a partir do Outro. Um Outro que eu pensava separar de mim pela linguagem, mas que a mesma linguagem me traz teimosamente de volta. Eu, portanto, não posso me separar do

---

[3] Jacques Prévot. *Libertins du XVIIe Siècle*. Paris, Gallimard, 1998.

Outro. No limite, e de acordo com o sintagma de Rimbaud, o próprio Eu é um Outro.[4]

Escava-se então, na relação interdividual, uma ética do relacionamento, que condiciona, e torna incontornável, uma postura interessada diante da verdade do Outro, vista em contraste, ou competição, com a minha verdade. A saída girardiana, que está no horizonte de João Cezar de Castro Rocha, aponta para uma zona complexa e conflituosa de aproximação. A necessidade de acercamento do Outro enseja a sustentação de uma comunidade que não pode formar-se senão por um mecanismo mimético complexo, em que a imitação é sempre um movimento duplo: desvio (porque o Outro é uma instância forânea e opaca) e aproximação (porque o Outro é tudo o que tenho para compreender a mim mesmo).

A questão central aqui, segundo me parece, é que de fato se trata de um movimento duplo de aproximação e desvio, de gravitação em torno de um Outro que, graças ao mecanismo mimético, jamais será completamente estrangeiro. Nesse momento, é claro, na minha própria argumentação estou minimizando a violência fundadora da aproximação conflitiva em relação ao Outro. Mas o conteúdo universalizante dessa prática de compreensão de si mesmo a partir do Outro é inegável. É verdade que João Cezar não chega ao extremo de uma concepção paulina da mensagem congregadora, que se dirige ao Outro para convertê-lo em membro de uma grei que se quer

---

[4] Arthur Rimbaud, *Correspondance.* Ed. Jean-Jacques Lefrère. Paris, Fayard, 2007, p. 68.

humana, e não apenas judaica, ou farisaica.⁵ Eu diria que o crítico João Cezar de Castro Rocha estaca e fica pensativo logo antes desse avanço que quer compreender e aglutinar o Outro numa mensagem universal.

Em vez de dobrar o Outro à sua mensagem, o crítico apenas observa a mecânica dessa aproximação pela palavra, pelo discurso, sem, no entanto, entregar-se ao fundo salvacionista da mensagem universalizante. Ainda assim, o horizonte hermenêutico é aqui uma espécie de condição *sine qua non* do gesto intelectual: sem atenção redobrada e interessada diante do Outro, sem o Outro como espelho consciente ou inconsciente, não há compreensão possível da minha condição no mundo. Num resumo apertado e esquemático, não há compreensão possível de si mesmo sem atenção sincera ao que traz o Outro, como elemento conhecido e desconhecido, ao mesmo tempo. Ou melhor, o Outro é o elemento sem o qual a autoimagem do sujeito se desfaria, originando aquela insustentável leveza do ser – para jogar livremente com termos contemporâneos, sejam eles míopes ou não.⁶

Mas fiquemos com o circuito moderno, que João Cezar de Castro Rocha lembra no meio do caminho de sua argumentação, e que liga Hegel a Lacan, passando por Kojève: não há Eu sem a mirada do Outro.⁷ Neste caso, mas sem qualquer hostilidade à teoria, os brasileiros

---

⁵ Alain Badiou, *Saint Paul. La Fondation de l'Universalisme*. Paris, Presses Universitaires de France, 1997.
⁶ Ver João Cezar de Castro Rocha, ¿*Culturas Shakespearianas?*, op. cit., p. 245.
⁷ Ibidem, p. 83.

talvez possamos criar um curto-circuito no caminho teórico, e simplesmente pensar no conto "O Espelho", de Machado de Assis, em que um sujeito se descobre subitamente abandonado por todos e por tudo que lhe é conhecido e, no limite, não pode mais reconhecer--se a si mesmo. No instante terrível em que o reconhecimento se faz impossível, sua imagem desaparece no espelho. A dissolução da imagem em que o sujeito deveria reconhecer-se é contornada e vencida quando o personagem do conto veste sua farda de alferes, e, como num passe de mágica, sua imagem se recompõe no espelho.[8] O entorno, enfim, literalmente produz o homem, assim como a opinião, *regina del mondo*, nos orienta, segundo Pascal.[9]

O desejo do sujeito, então, não existe sem o desejo do Outro. Ou, na correção de Girard, "ese *desejar o desejo alheio* tem pouco a ver com o desejo mimético, que significa *desejar o que o outro possui*".[10] O desejo contempla uma apropriação, mas uma apropriação que só é possível com o enfrentamento do Outro. Na sua origem, seguindo o raciocínio girardiano, o enfrentamento do Outro é violento, e se faz pelo sacrifício de um sujeito em cuja culpa a comunidade acredita profundamente.[11]

---

[8] Joaquim Maria Machado de Assis, "O Espelho. Esboço de uma Nova Teoria da Alma Humana". In: *Obra Completa*, vol. 2. Rio de Janeiro, Nova Aguilar, 1997, p. 345-52.
[9] Pedro Meira Monteiro, "Machado de Assis e Pascal". In: Marta de Senna e Hélio de Seixas Guimarães (orgs.), *Machado de Assis e o Outro: Diálogos Possíveis*. Rio de Janeiro, Móbile Editorial, 2012, p. 55-71.
[10] João Cezar de Castro Rocha, ¿*Culturas Shakespearianas?*, op. cit., p. 83, grifos do autor.
[11] René Girard, *La Violence et le Sacré*. Paris, Pluriel, 2010.

Dreyfus era culpado, acreditavam os franceses, em um exemplo do próprio Girard. Mas e se Dreyfus for inocente...? E se o Outro sacrificado era, depois de tudo, a vítima inocente imolada para a preservação da comunidade? E se a esta comunidade chamarmos a comunidade dos homens?

Se não me engano, em nenhum momento Girard descuida da violência original que está na aproximação em relação ao Outro. Eu não imito o Outro abstratamente. Eu cobiço aquilo que o Outro tem, para parecer-me com ele. Não basta a Jacó parecer-se com o irmão. É preciso que ele receba a bênção do pai, que se dirija ao irmão maior. É preciso, ao fim, roubar o irmão.

Devemos recordar que a aproximação generosa do Outro, se concebida de forma simplista, desconhece o fato, girardiano por excelência, de que a imitação carrega o potencial conflitivo da apropriação, que é o momento no qual a comunidade se vê diante da iminência de sua própria dissolução. (Aqui o espectro da violência moderna e contemporânea, que leva João Cezar a reconceituar o "outro outro" como peça excusa que embaraça o discurso ilustrado, e que aqui não chego a comentar, embora eu reconheça a importância e a propriedade do que nos traz o crítico também nessa sua reflexão sobre a situação da violência na América Latina.) De toda forma, haverá uma espiral interminável de violência, se a imitação (que é apropriação) não encontrar termo e fim, ou se não houver um mecanismo de apaziguamento, isto é, se não houver a entrada no simbólico que permita, ao sujeito, compreender que a violência original se faz sempre contra o inocente.

Trata-se, como bem lembra João Cezar de Castro Rocha em seu próprio diálogo com a crítica *sobre* Girard, de uma explicação antropológica, e não de um simples mecanismo retórico, como se o bode expiatório fosse uma espécie de *deus ex machina* na narrativa da cultura, ou uma simples válvula de escape da violência, acionada a cada momento em que a panela de pressão da convivência humana parece prestes a explodir. Trata-se de um mecanismo antropológico porque é assim mesmo que funciona a cultura, fundando-se sobre a violência e o sagrado.[12]

Mas, como eu sugeria no início, há um outro nível em que a emulação pode ser compreendida, a partir das propostas de João Cezar de Castro Rocha neste seu livro. Trata-se não apenas de conceituar teoricamente o fenômeno da emulação, mas também de perceber que o próprio pensamento de Castro Rocha tem um conteúdo dialógico excepcionalmente alto: tal pensamento se arma, amiúde, a partir de um diálogo frontal com um autor (seja esse autor Gumbrecht, Girard, ou Machado de Assis). No entanto, ao mesmo tempo, o pensamento propõe um ligeiro desvio em relação a esses autores – também eles *emulados*, eu diria.

Sabemos que as "culturas shakespearianas" a que se refere o crítico dizem respeito ao conjunto das culturas latino-americanas em sua relação tensa e produtiva com o pensamento europeu (e logo mais norte-americano). Mas, ao mesmo tempo, insisto, essas "culturas

---

[12] João Cezar de Castro Rocha, *¿Culturas Shakespearianas?*, op. cit., p. 173-80.

shakespearianas" dizem respeito também ao pensamento de João Cezar de Castro Rocha, que existe colado, embora em constante tensão, com pensadores do mais alto gabarito.

Acredito ser claro, para o leitor de ¿*Culturas Shakespearianas?*, que João Cezar de Castro Rocha propõe um pequeno e poderoso salto em relação à teoria mimética. Afinal, neste livro (assim como no seu livro sobre Machado de Assis, publicado no ano passado no Brasil, e que se mistura ao presente livro),[13] postula-se uma espécie de geopolítica da leitura, quando a emulação é uma recriação diferenciada, como se a própria leitura fosse já uma re-criação, isto é, produção de novos sentidos. Ao trazer o butim do assalto feito ao cofre alheio, e ao trazê-lo para minhas próprias páginas, ou para minha língua, eu desloco o tesouro roubado e descubro nele as suas latências, as suas pedras preciosas, que talvez brilhem mais no meu cofre do que no cofre de onde as tirei.

Peço desculpas pelo abuso metafórico, mas de fato se trata, penso eu, de um potencial de deslocamento, de uma apropriação livre, ou, num registro diverso, e no entanto ainda no horizonte dessa discussão, trata-se de reconhecer a escrita como uma forma de constante releitura dos arquivos, quando se revela o potencial infinito da recriação a partir daquilo que já está dado. Como se a literatura e a cultura fossem, afinal, um soberano gesto de leitura da própria cultura, ou de outras culturas, ou de

---

[13] João Cezar de Castro Rocha, *Machado de Assis: por uma Poética da Emulação*. Rio de Janeiro, Civilização Brasileira, 2013.

culturas em diálogo e confronto. A cultura como texto a ser lido é, aliás, uma intuição de Clifford Geertz que João Cezar leva muito a sério.[14]

Mas, se assim for, pergunto-me (e não é a primeira vez que o faço): estaríamos de fato diante de um pensamento que aumenta a sua potência exatamente por ser periférico em relação a outro pensamento? Explico-me. Quando se emula bem, é porque se conhece bem o tesouro "universal", isto é, se conhece perfeitamente aquilo que deve ser imitado, assim como Machado de Assis emulava Shakespeare, que emulava os clássicos, que emulavam algo anterior que a nossa pobre vista mal alcança, e que preferimos encobrir com a névoa do mito, que se liga à narrativa oral.

Voltando à questão desses deslocamentos constantes propiciados pela leitura, poderíamos dizer, talvez, que aquilo que deve ser imitado terminaria por compor – digamos com um grão de sal – o pensamento "central", enquanto o pensamento que se desenvolve colado a esse pensamento central seria então, digamos assim, periférico. A saída de João Cezar de Castro Rocha diante desse *imbroglio* é engenhosa: a potência do pensamento será tanto maior quanto mais próximo estejamos do Outro de cujo tesouro nos apropriamos. Assim, o lugar de enunciação (num sentido que *não* é apenas geográfico, e para o qual aliás a geografia importa pouco) marca uma potencialização do pensamento. E como nós,

---

[14] Clifford Geertz, "Thick Description". In: *The Interpretation of Cultures: Selected Essays*. New York, Basic Books, 1973, p. 3-30.

latino-americanos, sempre aprendemos a imitar o Outro, isso nos coloca, mesmo que ainda não saibamos, diante da iminência de superá-lo. Não se trata de um lugar geográfico, apenas, mas de um ponto de enunciação.

Minha pergunta recai sobre a especificidade dessa potência do lugar de enunciação periférico. Nós que nos encontramos nas circunstâncias latino-americanas – ou em circunstâncias "não hegemônicas", marcadas por relações assimétricas, como precisa João Cezar de Castro Rocha – estamos diante da possibilidade de um pensamento mais potente, porque mais próximo e mais dependente do Outro europeu, por exemplo? A proximidade e a dependência, neste caso, marcariam o nosso trunfo? Ou estamos simplesmente diante da mecânica do pensar? A latitude, como diz o crítico em seu livro sobre Machado de Assis, importa, ou não? Ou se trata afinal do "*suburbio del mundo*", como diz Piglia pensando em Gombrowicz e Borges, e Milton Hatoum em seu conto? O mais correto seria reiterar, com João Cezar de Castro Rocha, que a sua empreitada "não tem nada a ver com uma desatualizada ontologia do ser periférico, uma vez que refiro uma situação concreta de desequilíbrio nos intercâmbios culturais".[15] Ainda assim, não se trata de uma pergunta, afinal, sobre a condição latino-americana?

Em resumo, sigo interrogando – e a despeito do cuidado do crítico ao falar de uma condição não hegemônica, e não de uma ontologia – a ideia de que se possa pensar na singularidade de um espaço geopolítico em que a própria

---

[15] João Cezar de Castro Rocha, ¿*Culturas Shakespearianas?*, op. cit., p. 224.

condição periférica (ou contra-hegemônica) daria, a quem pensa, uma espécie de vantagem estrutural. Um lugar que nos ofereceria, em resumo, condições em que nos sentiríamos, por essa mesma proximidade com o Outro europeu, mais aptos a explorar os paradoxos do pensamento central. Não para resolvê-los, é claro, mas para levá-los à sua última potência. Em outras palavras, desde este lugar potencialmente privilegiado – latino-americano, no caso – poderíamos inverter e explorar os limites do pensamento ocidental, como quem avança sobre o tabu e o devolve na forma de um novo totem. A antropofagia, como sabemos os que o lemos há anos, é a matriz do pensamento de João Cezar de Castro Rocha sobre a emulação e sobre a cultura.[16] Como Oswald de Andrade e os modernistas brasileiros, o agente da cultura come e bebe à vontade, e sem cerimônia alguma, no caldeirão da cultura europeia. Como Machado de Assis, o escritor pode depositar na taça do estilo castiço um vinho esquisito e de outra cepa, fermentado no cruzamento das videiras americanas e europeias. Ou, como João Cezar de Castro Rocha, ele pode beber e devorar antropofagicamente Shakespeare, dividindo generosamente o conteúdo dessa taça com estudantes e leitores. O leitor, então, descobre-se de repente uma espécie de Calibã atardado, que aprendeu a língua de Próspero e agora pode utilizá-la como quiser: livre do modelo, mas tão mais livre quanto mais próximo esteja dele.

Ou, fazendo justiça ao pensamento sempre nuançado e angustiado de João Cezar de Castro Rocha, em

---

[16] João Cezar de Castro Rocha & Jorge Ruffinelli (orgs.), *Antropofagia Hoje? Oswald de Andrade em Cena*. São Paulo, É Realizações, 2011.

qualquer latitude, o princípio mimético é válido e necessário. Em suas palavras, ao comentar uma passagem do jovem Gabriel García Márquez, "a corrente mimética não respeita latitudes, exigindo sobretudo uma certa atitude frente à tradição".[17]

Minha dúvida e minha própria angústia diante desse módulo só não são maiores que minha admiração pelos dois últimos livros de João Cezar. Minha questão, que aqui lanço como convite ao diálogo, reside no potencial privilegiado de certa condição periférica. Ou antes, meu temor (justificado?) recai sobre a possibilidade de que nos acerquemos de uma espécie de excepcionalidade da condição latino-americana. João Cezar de Castro Rocha não a postula, mas o que ele propõe não termina sendo, *malgré lui*, um convite risonho a pensá-la?

Afinal, sabemos que o discurso sobre a excepcionalidade latino-americana leva longe e alto. Não me refiro, é claro, ao discurso tacanho do senso comum, que fecha os olhos à realidade que nos aflige para tecer as glórias insuperáveis da realidade latino-americana. Refiro-me a algo muito mais sofisticado. Penso, no caso, no grande arco do pensamento sobre a diferença latino-americana, armado sobre o contraste, ora com a Europa, ora com o grande e afortunado irmão do Norte, os Estados Unidos da América. Refiro-me, em suma, à dúvida e à ira que atravessam os textos de Darío ou de Martí no exílio, refiro-me à idealização da diferença em Rodó ou Vasconcelos, refiro-me ainda às metáforas botânicas em

---

[17] João Cezar de Castro Rocha, ¿*Culturas Shakespearianas?*, op. cit., p. 102.

Alfonso Reyes e Sérgio Buarque de Holanda, às inquirições labirínticas de Octavio Paz ou Mariátegui, à tortuosa transculturação de Fernando Ortiz, à recusa de uma cultura puramente autóctone em Pedro Henríquez Ureña, e à agonia profunda de um Arguedas.[18] Ou então, na grande virada calibânica que aponta para o Caribe, penso em Roberto Fernández Retamar e a Revolução Cubana, mas antes dele, no âmbito do Caribe francófono ou *creòle*, penso em Manonni e seu "complexo de Próspero", e penso também em Frantz Fanon e Aimé Césaire, para só ficar no círculo das línguas românicas, expostas, é claro, às línguas africanas e locais. Deixo de lado, em suma, toda uma vertente que aponta para o inglês, e que liga o próprio Bardo, numa era elisabetana coalhada de dúvidas sobre o Novo Mundo, a um George Lamming, com seus "*pleasures of exile*", já no contexto pós-colonial que nos é tão familiar.[19] Todos esses casos marcados pelo deslocamento, pela tensão aguda entre o autóctone e o estrangeiro.

Penso, em suma, que de fato há um clamor, politicamente justo e poeticamente rico, por essa diferença armada sobre os deslocamentos propiciados pela condição periférica e pós-colonial latino-americana e caribenha. Ao mesmo tempo, entendo e admiro a tentativa de flagrar a vantagem de uma perspectiva que se arma

---

[18] O tema é amplo. Remeto o leitor ao meu próprio livro: Pedro Meira Monteiro, *Signo e Desterro: Sérgio Buarque de Holanda e o Brasil*. São Paulo, Hucitec, 2015.
[19] George Lamming, *The Pleasures of Exile*. Ann Arbor, University of Michigan Press, 1960. Também Chantal Zabus, *Tempests After Shakespeare*. Nova York, Palgrave, 2002.

sobre uma espécie de eterna condição exilada, em tudo distante de um centro, mas sempre de olho nele. Lembro que o mesmo João Cezar de Castro Rocha já há bastante tempo vem discutindo o ensaísmo identitário brasileiro a partir de perguntas cortantes sobre o exílio e o sentimento de não pertencer de todo.[20] Parafraseando Ángel Rama, não há como fugir à "*riesgosa navegación del escritor exiliado*", essa espécie de condição inelutável de quem decidiu colocar-se sempre à margem.[21] Ademais, todo esse veio da literatura e do ensaísmo latino-americano e caribenho é riquíssimo, e creio mesmo que não foi ainda suficientemente explorado – certamente não, no caso da crítica brasileira.

Entretanto, sigo intrigado com a possibilidade que, dessa situação eternamente deslocada, resulte uma pergunta sobre a condição periférica, ou sobre a condição latino-americana, que possa ao fim, e a despeito de todo o cuidado do crítico, convencer-nos da nossa superioridade. *Por supuesto*, não é isso que João Cezar de Castro Rocha faz, nem eu seria louco de propor a superioridade da condição latino-americana sobre outras condições culturais, ou sobre outras culturas e complexos de culturas. Mas fico a pensar, talvez um pouco cismarento e casmurro, no sentido de uma investigação que reclama uma perspectiva privilegiada para a experiência intelectual latino-americana. Neste caso, nunca é demais lembrar que o título do livro de João Cezar é uma pergunta, ela

---

[20] João Cezar de Castro Rocha, *O Exílio do Homem Cordial: Ensaios e Revisões*. Rio de Janeiro, Museu da República, 2004.
[21] Ángel Rama, "La Riesgosa Navegación del Escritor Exiliado". *Nueva Sociedad*, n. 35, 1978, p. 5-15.

mesma incapaz de esconder a angústia do crítico: ¿Culturas Shakespearianas?

Há uma passagem especialmente divertida das *Memórias Póstumas de Brás Cubas*, de Machado de Assis, em que o pai do protagonista se lança a explicar e exaltar a alta progênie dos Cubas, desde lendários personagens da colonização portuguesa até os ricos capitalistas que, no tempo da narrativa, sustentam a alegria irresponsável e o ócio cruel do jovem Brás. Mas Brás Cubas, o morto que é autor, escreve de além da tumba, e pode por isso desfechar o mais agudo e displicente olhar sobre os homens e sobre si mesmo. Nada o espanta, e ademais ninguém pode julgá-lo, já que ele nasce como escritor quando morre como personagem. Como narrador que recorda a própria vida, ele se põe a olhar o pai a desfiar as maravilhas da genealogia dos Cubas, a qual, como toda genealogia, é uma farsa que esconde a violência, a mediocridade e o crime. Mas o que me interessa aqui é a sentença do narrador Brás Cubas, quando percebe que o pai, sabedor da farsa familiar, de repente se esquece dela e passa a acreditar na ilustre genealogia dos Cubas. É quando o narrador morto, falando em nome do vivíssimo Brás, lembra que àquela altura, no momento em que via o pai cantar as glórias da família, ele mesmo já sabia da farsa da genealogia, mas não deixava de contemplar, interessado, "aquele fenômeno, não raro, mas curioso: uma imaginação graduada em consciência".

Evidentemente, eu não sugiro aqui que os latino-americanos componhamos uma espécie de árvore genealógica mentirosa, como se fôssemos todos descendentes dos Cubas, autoiludidos sobre nossa própria importância no mundo. Invertendo os termos de Brás Cubas, e sobretudo retirando-os do caldo de cinismo em que eles se temperam, a *imaginação*, que cria livremente a partir dos despojos da cultura alheia, pode, em algum momento, converter-se em *consciência*, mas não mais em consciência autoilusória.

O que aprendo, como leitor de João Cezar de Castro Rocha, é que "o pensar é sempre um ato de apropriação e guerra". Pensar é roubar livremente, é livrar-se da culpa, e portanto da dívida, com a origem do pensamento. (Referindo-se a Girard, João Cezar fala da imitação como "ganância palpável", e lembra que o "bovarismo" da cultura latino-americana pode sugerir muito mais que a simples cópia acrítica, como aliás lembram tantos autores citados no seu livro; ou, nas palavras precisas de Antonio Caso, "*el genio y el snob son dos bovaristas*".)[22] Pensar é saquear à vontade, é divertir-se com o que os tolos chamariam de plágio, e perceber na proximidade com o modelo a possibilidade da verdadeira liberdade criativa. Esse é, aliás, o caso da emulação como procedimento pré-romântico, liberto da ideia assombrada de um criador absoluto e único, e transformado em poderoso procedimento pós-romântico e moderno. Trata-se, finalmente, de algo próximo à mediação interna do processo mimético, aquela cobiça básica que nos move, que nos cola ao Outro, porque é em sua fonte que queremos saciar a nossa sede.

A criação, em suma – chamemo-la shakespeariana, latino-americana ou outra coisa –, é uma rede compartida,

---

[22] João Cezar de Castro Rocha, ¿*Culturas Shakespearianas?*, op. cit., p. 170.

tão mais rica quanto mais extensa ela for, e quanto mais os tentáculos da curiosidade se esticarem para atingir onivoramente as suas fontes. Eu sempre me assustei com a voracidade de leitor de João Cezar de Castro Rocha, mas entendo agora que se trata de levar ao limite, e de forma coerente, uma forma de pensamento que não pode deixar um minuto sequer de consumir, de ler, e de rearmar o quebra-cabeça da cultura.

Mas meu demônio pessoal sopra aos ouvidos e me faz insistir nas minhas perguntas: esse ato onívoro de devoração, e a condição de apropriação que está na sua base, não são de toda e qualquer cultura? É possível, enfim, falar de uma condição específica dos seguidores imaginários de Shakespeare? Ou chamá-las, a essas culturas, de "shakespearianas", ou ainda de latino-americanas, será apenas uma forma de inventar uma genealogia? Não será o gesto que aqui se nomeia "shakespeariano", ao fim e ao cabo, o próprio mecanismo do pensamento? Acercar-se da matéria que nos parece brilhante, estudar paciente e interminavelmente o tesouro alheio, para trazê-lo ao meu próprio quintal e reordená-lo, sem que se possa eludir a violência da apropriação: não está aí o próprio mecanismo mimético, em seu funcionamento pleno? Para falar com René Girard, mas também com João Cezar de Castro Rocha, não estaríamos simplesmente falando das "origens do pensamento"?

capítulo 7
testando limites: interdividualidade coletiva nos romances da selva e da seca

Victoria Saramago

1. Introdução

"Foram tragados pela selva!" (9)

Ao começar o novo romance hispano-americano com palavras semelhantes à conclusão do clássico romance de José Eustasio Rivera, *A Voragem* [*La Vorágine*], Carlos Fuentes (1969) se posiciona de maneira clara a respeito da ficção regionalista dos anos 1920 e 1930. Para o autor mexicano, essa frase "poderia ser o comentário a um longo século de romances latino-americanos: foram tragados pela montanha, foram tragados pelos pampas, foram tragados pela mina, foram tragados pelo rio" (Idem). Evidentemente, o objetivo mais preciso de Fuentes era de opor essa ficção regionalista ao novo romance hispano-americano, que vivia seu momento de ouro quando o livro homônimo foi publicado em 1969. Ao romper com os chamados romancistas da terra e da selva para se filiar a tradições vanguardistas estrangeiras representadas por autores como James Joyce, Virginia Woolf e William Faulkner, Fuentes apresenta um gesto análogo ao do jovem Gabriel García Márquez em artigos de jornal publicados nos anos 1950 em *El Heraldo*, como mostra João Cezar de Castro Rocha (2014) no segundo capítulo do seu ¿*Culturas Shakespearianas?*

Por outro lado, a definição que Fuentes faz do romance latino-americano anterior como uma grande história de devoramentos, ainda que simplificadora e um tanto problemática, joga luz sobre uma inquietude despertada pelas tradições regionalistas. Em outras palavras, o que, ou quem, tragam a selva, a montanha, os pampas, a mina e o rio, para não falar, por exemplo, da seca no Brasil? Por que são tragados? Como compreender esse impulso devorador amplamente explorado pelo regionalismo das primeiras décadas do século XX dentro do conceito de interdividualidade coletiva elaborado por Castro Rocha? Nesse contexto, por que esse movimento devorador se converteu em um dos traços mais destacáveis da literatura latino-americana? E, por fim, o que significa ler romances baseados nessa natureza devoradora no século XXI, quando as possíveis implicações da crise ecológica intensificam nossas ansiedades com respeito à incontrolabilidade das forças naturais?

Essas perguntas guiam o presente texto, assim como os três romances em que baseei minha reflexão: o já mencionado *A Voragem*, do colombiano José Eustasio Rivera, publicado em 1924; o venezuelano *Canaima*, publicado em 1935, por Rómulo Gallegos; e *Vidas Secas*, do brasileiro Graciliano Ramos, publicado em 1938. São também três as partes em que divido minha exposição.

Na primeira, proponho que a natureza nesses romances devora, além dos próprios personagens, os argumentos e as expectativas do leitor ainda baseadas no regionalismo do século XIX. O que faz, portanto, é uma imitação sistemática aliada a uma emulação programática, dentro da definição de interdividualidade coletiva proposta por Castro Rocha, ainda que, conforme proponho, force os limites deste conceito. A segunda parte exemplificará os pontos apresentados na primeira através de uma análise mais detida de cada romance. Concluirei com um breve questionamento a respeito de como ler esses romances no contexto do chamado Antropoceno.

2. Interdividualidade e regionalismo

Para começar, recordemos a justificativa oferecida por Fuentes na mesma obra para rechaçar o regionalismo dos anos 1920 e 1930:

> A tendência documental e naturalista do romance hispano-americano obedecia a toda essa trama original de nossa vida: ter chegado à independência sem uma verdadeira identidade humana, submetidos a uma natureza essencialmente estranha que, no entanto, era o verdadeiro personagem latino-americano. (11)

O que o autor nos apresenta é um processo em duas etapas. Em primeiro lugar, a tendência documental e naturalista, claramente herdada da ficção do século XIX e das escolas positivista e naturalista que a inspiraram. Em segundo lugar, essa tendência documental não havia conseguido estabelecer algo próximo a um romance burguês no modelo do século XIX, e sim teria posto a natureza ou o cenário natural no papel de protagonista ou "verdadeiro personagem". Notemos que esse raciocínio não é de forma alguma original, e sim eco do trabalho de investigadores dos anos 1920 aos 1950. Em 1936, a investigadora Concha Meléndez propõe, acerca de *Doña Bárbara* e outros romances do período que "a paisagem, o meio, continua sendo aqui o personagem capital, formador de caráteres e causa dos conflitos" (97). Pouco mais de uma década mais tarde, Pedro Grases (1949) afirmava que "a natureza, ou melhor, a Natureza – assim, com maiúscula – se impõe majestática sobre o elemento homem, com uma potência dominadora e decisiva" (297). No mesmo ano, Ángeles Mendieta Alatorre (1949) publicou seu livro *El Paisaje en la Novela de América*, no qual o capítulo "El Paisaje como Personaje" explica como a prosopopeia se converteu em uma figura de linguagem central para entender o papel da natureza na literatura latino-americana das primeiras décadas do século XX.[1]

A grande diferença é que, enquanto Fuentes se vale dessa dinâmica para criticar a ficção anterior, os autores aqui mencionados, entre outros, haviam-na apresentado como prova da originalidade desses romances.

---

[1] A despeito das especificidades do contexto brasileiro, diversos críticos expuseram argumentos semelhantes sobre Graciliano e a escola do "Romance de 30" em que sua obra geralmente é incluída. O crítico Antonio Candido, por exemplo, disse a respeito de *Vidas Secas* que os episódios do romance "constituem na verdade um romance telúrico, uma decorrência da paisagem, entroncando-se na geografia humana. Deste modo representam a incorporação de Graciliano Ramos às tendências mais típicas do romance nordestino (...)" (54).

Na obra de qualquer um desses críticos, há uma constante: considerar a natureza latino-americana como personagem significa dar-lhe poder para interagir com os outros personagens. Em outras palavras, trata-se de dizer que a Amazônia colombiana, ou a região de extração de borracha no Alto Orinoco, ou ainda a seca no Nordeste brasileiro não são simplesmente cenários onde se dão os eventos, mas têm elas mesmas o poder de interferir decisivamente no argumento. Tais regiões desmantelam famílias, transtornam as vidas dos que ousam adentrá-las e desafiam esperanças de sobrevivência e melhora de condições de vida.

Em suma, o que a selva e a seca fazem nesses romances é dissolver as convenções narrativas herdadas do século XIX. Já não interessa saber se os casais de *A Voragem* e *Canaima* vão ou não ficar juntos no final, porque seus membros são total ou parcialmente tragados pela selva. Semelhantemente, as esperanças da família de *Vidas Secas* nunca chegam a se concretizar e permanecem no âmbito do potencial, enquanto se repete seu ciclo de miséria que pouco a pouco os consome.

É como se esses romances representassem o oposto do caráter fundador da ficção latino-americana no século XIX, como propõe Doris Sommer em seu *Foundational Fictions: The National Romances of Latin America* (1991). O interessante é que os modelos narrativos analisados pela autora começam a se desenvolver nos romances aqui discutidos, ou são pelo menos esboçados, como vamos ver nas análises das obras. A grande diferença é que, antes de saber se haverá ou não um final feliz, o argumento é sumariamente rasgado ou progressivamente inviabilizado por irrupção intempestiva ou progressivo esgotamento devido à ação desse outro absoluto que são as forças naturais.

Não seria exagero dizer, nesse contexto, que esses romances são antropofágicos. São, à sua maneira, "devorador(e)s de homens" (141), para recordar os termos com que Gallegos (1997) descreve sua célebre protagonista *doña* Bárbara. É significativo o fato de que todos tenham sido publicados a poucos anos de distância do renomado "Manifesto Antropófago" publicado por Oswald de Andrade (1967) na São Paulo de 1928. Em poucas linhas, o argumento de Andrade é que a cultura brasileira (e podemos estender o raciocínio à América Latina inteira), como muitos dos povos indígenas antropófagos que lhe serviram de base, deve se apropriar das culturas das metrópoles europeias para, depois de digeri-las, gerar um produto cultural novo e original. Ou seja, o que Andrade propõe é uma apropriação produtiva do outro em lugar de uma simples dependência cultural. Assim o descreve Castro Rocha em *¿Culturas Shakespearianas?*, e assim começam os romances aqui analisados a apresentar desafios a este modelo.

É claro que tais obras são antropofágicas por devorarem não somente os personagens, como também os argumentos. Em breve, vamos ver com mais detalhes como isso se dá em cada obra. Por ora, interessa notar que, por seu poder destrutivo, a interferência da selva e da seca nesses romances não se limitaria exatamente à apropriação produtiva do outro, como propõe Andrade. Em contraste, sua presença é cega às demandas alheias, além de avassaladora e inegociável. Nesse sentido, é intrigante que, nos anos próximos da publicação do "Manifesto

Antropófago", outras modalidades muito diferentes de antropofagia tenham se desenvolvido.

A título de curiosidade, é também um movimento de aproximação e distanciamento muito curioso o que une Graciliano Ramos a Oswald de Andrade: se a historiografia literária posterior os agrupou no mesmo movimento modernista brasileiro,[2] ainda que em dois momentos distintos, Graciliano expressou repetidamente sua aversão ao grupo da Semana de Arte Moderna de São Paulo ao que Oswald pertencia.[3]

Mas voltemos ao problema central. A teoria antropofágica criada por Andrade está na base da interdividualidade coletiva proposta por Castro Rocha em ¿Culturas Shakespearianas? e foi objeto da atenção do autor em outros momentos. Baseando-se na necessária mediação do desejo por um terceiro sujeito analisada por René Girard ao longo de sua obra, Castro Rocha transpõe para o âmbito coletivo das culturas latino-americanas a interdividualidade girardiana. Ou seja, é um gesto fundamental e definidor das culturas latino-americanas se pautar pelas culturas das metrópoles europeias e norte-americanas, mas através de uma seleção sistemática e não difusa que,

---

[2] O que se chama Modernismo no Brasil está mais próximo do "vanguardismo" na América Hispânica.
[3] Um bom exemplo é a última entrevista concedida por Ramos a Homero Senna, em dezembro de 1948. Quando Senna lhe pede sua opinião sobre o movimento modernista de São Paulo, Ramos responde: "Muito ruim. Sempre achei aquilo uma tapeação desonesta. Salvo raríssimas exceções, os modernistas brasileiros eram uns cabotinos. Enquanto outros procuravam estudar alguma coisa, ver, sentir, eles importavam Marinetti". Disponível na página web da Revista Bula.

nas palavras do autor, "tenta converter a secundidade numa potência inesperada" (223). Para descrever como se concretiza essa interdividualidade coletiva, Castro Rocha recupera o par imitação e emulação, que guiou a criação artística pré-romântica. Segundo o autor, é agregando a essa imitação programática uma emulação sistemática (ibidem) que procedimentos criativos como a antropofagia oswaldiana podem "transformar a natureza dessa relação (de desigualdade cultural) por meio da assimilação criativa de conteúdos selecionados: contra a imposição de dados, a volição do ato de devorá-los" (361).

Agora pergunto: seria possível compreender os romances em questão a partir do par imitação/emulação? Em um primeiro momento, poderíamos dizer que sim: de fato, o que temos nesses romancistas é uma seleção e uma reativação de partes de argumentos do romance do século XIX – e não por acaso é relativamente comum comparar-se Gallegos a Honoré de Balzac, ou Ramos a Fiódor Dostoiévski ou Stendhal, por exemplo, enquanto o tom com o que Rivera abre o seu romance parece prometer uma narrativa pastoral. Ademais, o que fazem os três autores não é em absoluto uma imitação difusa destes autores ou gêneros, mas uma emulação sistemática deles, que transtorna seus elementos e os converte em algo mais. Porém, eles fazem-no de forma muito peculiar e a emulação não se dá tanto por reconfiguração e redimensionamento de elementos previamente dados, mas por uma ruptura ou simples impedimento da trama.

Nesse sentido, trata-se de obras cujo caráter coletivamente interdividual é inegável e que de fato se baseiam em um modelo de imitação programática e em emulação sistemática com vistas à assimilação do outro. Porém, fazem-no violentamente ou por inanição, por ruptura ou esgotamento dos elementos assimilados. São, portanto, obras que se enquadram na proposta de Castro Rocha, porém como que experimentando o seu limite, por uma aceitação que é quase negação. É algo como buscar a emulação na imolação, que se dá agora explicitamente através da dissolução de personagens, argumentos, convenções narrativas e as expectativas presumíveis do leitor. Vejamos mais detidamente como esse processo ocorre em cada romance, a começar por *A Voragem*.

3. *A Voragem*

Publicado pela primeira vez em 1924, o único romance de Rivera trata do casal de amantes Alicia e Arturo Cova que, devido ao escândalo que seus amores provocaram em Bogotá, decide fugir para o deserto de Casanare. Arturo Cova tem dúvidas a respeito de seu amor por Alicia e não sabe se uma mudança tão radical valerá a pena. Grávida e reagindo mal às condições da viagem, Alicia foge com outro homem, o que leva Arturo a empreender uma longa viagem à selva amazônica para encontrá-la, onde se depara com os horrores vividos pelos homens e a floresta na exploração de borracha na região. No final, os dois conseguem se encontrar e continuam na floresta, onde, em dado momento, desaparecem, tragados pela selva.

Primeiro de tudo, o caráter de denúncia das condições inumanas em que viviam os seringueiros é inegável e teve relativo impacto com a publicação do romance. É um tema já anteriormente abordado por outros autores, tal como Euclides da Cunha (1967) em seus ensaios amazônicos, e que seguiria presente na literatura da região, como vamos ver, por exemplo, na seção sobre *Canaima*. Uma leitura exclusivamente baseada nesse aspecto, porém, tende a se concentrar no papel da agência humana nos acontecimentos enquanto se esquece uma dinâmica muito específica e igualmente presente na narrativa: as relações de poder entre seres humanos e árvores.

Inicialmente, o que temos é a promessa de um romance pastoril com a chegada do casal às planícies de Casanare, e o fato de que essa linha não seja seguida se deve antes aos conflitos entre os personagens do que a uma ação visível do deserto. Porém, em nítido contraste com sua temporada na selva, Arturo e Alicia encontram em Casanare um ambiente não tão ameaçador como a selva, como mostra o diálogo de Alicia com dom Rafo, que os guia pela área: "– Casanare é encantador – repetia Alícia. (...) – É que – disse dom Rafo – esta terra dá alento às pessoas para que a gozem e a sofram. (...) É o deserto, mas ninguém se sente só: são nossos irmãos o sol, o vento e a tempestade" (16). É curioso notar aqui como o discurso de evidente tom franciscano sugere uma interação entre seres humanos e natureza, mas ainda assim, de forma suave, que expressa a harmonia entre ambos própria dessa linha do cristianismo.

Já a chegada à Amazônia de Arturo Cova é muito diferente. Muito já foi escrito sobre a falta de coesão e progressão linear no argumento e nos personagens, ou que a narrativa é cambiante e ameaçadora como a selva, ou, ainda, como propõe Sylvia Molloy, "a paralisia, o mutismo ou a palavra ineficaz frente à palavra da selva serão, vezes sem conta, manifestações básicas do contágio de uma selva em si bastante expressiva, indícios de sua invasão monstruosa" (757). Essa e outras leituras, sejam elas entusiásticas ou críticas, admitem que há aqui uma nova maneira de retratar a selva na literatura latino-americana. O que proponho é que esse processo se dá em dois níveis.

O primeiro é o argumento, ou melhor, sua dissolução. Nos episódios situados na selva, já nem sequer importa se Alicia ama Arturo, se seu bebê vai ser saudável, se Arturo deveria voltar a Bogotá e se tornar escritor, ou se os personagens coadjuvantes Griselda e *don* Rafo vão se reencontrar. Esses são problemas secundários frente à necessidade mais básica, a de sobrevivência e resistência aos horrores que os circundam. É assim que o leitor conhece a história de Clemente Silva e sua busca desesperada por seu filho em condições de vida tenebrosas, ou se informa sobre os crimes e torturas cometidos diariamente na região. Assim segue a história até o final, esquecida de todos esses problemas e conflitos, esgotados pouco a pouco até perderem toda a sua força, o que culmina no desaparecimento do casal na selva.

O interessante é que, até em momentos nos quais a denúncia social é mais forte, um olhar mais atento revela que os homens não são os únicos capatazes dos homens. Através de estruturas gramaticais ambíguas, determinadas imagens e certas aliterações, as árvores vão pouco a pouco se tornando igualmente exploradoras dos homens e por eles exploradas.[4] Esse movimento lhes confere um poder de interação notável, que de um lado reforça as críticas de que o romance se valia demasiadamente de recursos poéticos e, de outro, que o gesto emulador do texto se dá em um nível mais profundo. Nos próximos parágrafos, proponho a análise das passagens que assinalam este poder de ação das árvores e sobre as árvores, as quais as colocam num nível muito próximo – ou, quem sabe, igual – ao dos homens.

"Por sua parte, alguns peões fazem o mesmo. A selva os arma para destruí-los, e se roubam e se assassinam, mutuamente, amparados pelo segredo e pela impunidade, pois não há notícias de que as árvores falem das tragédias que provocam" (124). Inicialmente, seria possível ler a primeira parte da passagem em uma chave metafórica, que daria às árvores o papel passivo de prover um ambiente secreto e labiríntico para as atrocidades cometidas pelos homens. A selva protegeria os criminosos e jogaria os crimes no esquecimento, mas não seria o agente primário das tragédias, e seu silêncio seria sua principal maneira de armar os homens para sua própria destruição. O fim da passagem, porém, começa a desestabilizar essa divisão devido à ambiguidade gramatical das últimas palavras: "das tragédias que provocam", gramaticalmente, pode referir-se tanto às "árvores" como a "alguns peões". Assim, as árvores, tal e qual os homens, podem

---

[4] Segundo Fernando Aínsa (2002), "nestas páginas do diário de Arturo Cova, a natureza parece animar-se e palpitar, suas árvores parecem respirar e as raízes se fundir como desesperadas garras subterrâneas que arranham a entranha de um grande animal vivo. Apesar de ter nuances surrealistas, de pesadelo e de delírio, esta selva animada, cheia de gemidos e uivos, atrai e cativa seus habitantes de modos muito diferentes" (117).

ter provocado as tragédias, o que lhes dá um perturbador poder de perpetradoras de violência.

A segunda passagem, seguramente uma das mais interessantes do livro, estabelece uma clara equivalência entre o corpo humano e o corpo da árvore, quando Clemente Silva conhece o explorador e naturalista francês que tira uma fotografia do corpo torturado pelos chicotes dos capatazes: "E levantando minha camisa, mostrei-lhe as carnes dilaceradas. Momentos depois, eu e a árvore perpetuamos na Kodak nossas feridas que, para o mesmo amo, verteram sucos diferentes: borracha e sangue" (138). Aqui, o processo de extração de borracha através de cortes no tronco da árvore é equiparado às feridas no tronco de Clemente. A estetização dessa comparação, representada através do ato de fotografar a cena e concretizada na aliteração (no original) dos termos borracha e sangue [*siringa y sangre*], cria uma identificação entre personagem e árvore. Com isso, os dois se apresentam não somente como vítimas da cobiça pela borracha, mas também como vítimas de igual estatuto, com os mesmos sofrimentos e as mesmas marcas.

O que estes exemplos sugerem é o forte conflito entre árvores e seres humanos, paralelo ao dos próprios humanos. Isso é visível tanto no argumento como na superfície do texto. A selva destrói as vidas de Clemente Silva, de seus filhos e de muitos outros seringueiros; além de engolir os protagonistas Arturo e Alicia – o que, em termos narrativos, significa engolir o próprio argumento, incluindo qualquer expectativa que pudesse nutrir o leitor com relação ao destino do casal. Surpreendentemente, esse movimento continua presente quando as árvores assumem a função de sujeitos das frases e quando sua seringa se equipara ao sangue humano, por exemplo. Em última instância, o que faz *A Voragem* é uma emulação violenta das árvores com respeito aos seres humanos: elas imitam-nos para superá--los e, em determinado momento, imolá-los. Vejamos como um processo semelhante se dá em *Canaima*.

4. Canaima

Tanto *A Voragem* como *Canaima* são geralmente agrupadas no cânon latino-americano como clássicos dos romances da selva, que continuariam acumulando adeptos nas décadas seguintes. Um bom exemplo posterior é *Os Passos Perdidos* [*Los Pasos Perdidos*], em que Alejo Carpentier faz referência a personagens e tropos de *Canaima*, como mostra Roberto González Echevarría em *Canaima y los Libros de la Selva*. Segundo o autor, "em grande medida, o subversivo de *Canaima* deriva da provocativa apresentação do eterno dilema de como incorporar a selva, o bárbaro, o autóctone, o nacional" (113). Seguramente, este também é um problema em *A Voragem* e, como vamos ver, em *Vidas Secas*, ainda que cada obra o desenvolva de maneira diferente. No primeiro romance, os conflitos entre a capital Bogotá e as planícies de Casanare ou a floresta amazônica já se apresentam desde os primeiros parágrafos devido ao início não exatamente *in media res*, mas já no ápice do conflito. Por sua vez, *Canaima* tem uma primeira parte muito tradicional, com um argumento típico da novela burguesa do século XIX, ou de sua variante regionalista através da qual áreas rurais — mas geralmente não de selva — são incorporadas ao nacional. É só posteriormente que o argumento se despedaça para dar lugar à "embriaguez da montanha" ["*borrachera de la montaña*"].

Uma importante diferença entre os dois romances é o fato de que *Canaima* começa com um capítulo descritivo, que funciona como uma espécie de enquadramento que localiza o leitor no texto e fornece informações geográficas e socioculturais. Típico do século XIX, este capítulo descritivo já não está presente em *Doña Bárbara*, por exemplo, cujo primeiro capítulo é cheio de ação. Em um tom poético que lembra paisagens de *A Voragem*, as primeiras palavras de *Canaima* evocam um de seus protagonistas: o rio Orinoco. Alternando os brados dos navegantes com descrições e evocações líricas, o que temos aqui já é algo distinto do que geralmente fazem os romances do século XIX, a despeito das semelhanças formais. Tal como faria um navegante, o leitor acompanha a narração como acompanha o barco onde está o foco narrativo: "Mas o barco avança e sua marcha é tempo, idade da paisagem" (4).

Essa cena começa no baixo Orinoco, ainda em uma área relativamente segura e distante da floresta densa. No segundo capítulo, o leitor, ainda acompanhando o barco, chega a Cidade Bolívar, às margens do Orinoco, de onde vem o protagonista Marcos Vargas. Até aqui, o que temos é uma maneira elegante de guiar cinematograficamente o olhar do leitor antes de entrar na parte mais documental. No entanto, ainda no segundo capítulo, a narração não se detém em Cidade Bolívar para descrevê-la e enquadrar a ação, mas segue o curso do rio até chegar ao alto Orinoco ou simplesmente à montanha, onde os seringueiros [*purgüeros*] arriscam suas vidas e sua sanidade por cobiça à borracha. Como o leitor vai descobrir mais tarde, esse é o espaço onde Marcos Vargas perderá o controle de si e o argumento entrará em colapso nos últimos capítulos. O curioso é que todos os perigos vividos pelo protagonista na "selva anti-humana, satânica" (7) já estão presentes aqui, nos capítulos inaugurais, ainda que atribuídos a uma terceira pessoa neutra. Assim, o que temos é um desvio geográfico da Cidade Bolívar simultâneo ao desvio temporal e narrativo, a partir do qual é possível entrever a ameaça da selva a ser desenvolvida mais adiante. E este adiante não tarda muito a chegar.

A despeito da fascinação de Marcos Vargas pelos seringueiros, o argumento pouco a pouco se afasta desse tema para se desenvolver dentro de parâmetros muito convencionais, como jamais aconteceria em *A Voragem*. Marcos Vargas, um *criollo*[5] que estudou em escola britânica, se apaixona pela filha de um comerciante italiano, Aracelis, e se esforça para prosperar em seu negócio de carroças de mulas. Faz amigos e inimigos, além de ostentar sua personalidade carismática e amável. Paralelamente, outros personagens e a história de suas vidas trazem anedotas, canções tradicionais e lendas para a narrativa, criando assim espaço para a famosa cor local tão presente na narrativa romântica.

À medida que prossegue a narrativa, dois assassinatos e a falência financeira de Marcos Vargas obrigam-no a aceitar um trabalho como chefe de expedição seringueira até a montanha. É ali que tudo muda: atraído pela selva, ele progressivamente deixa a sua vida passada, seus

---

[5] Espanhol, branco, que nasceu na América. (N. T.)

sentimentos e objetivos, tomado que está pela "formidável atividade abismada da aparente quietude, do silêncio maléfico, da perspectiva alucinante (...) O mal da selva, já se apoderando de seu espírito" (136), onde sua alma se abandona à "contemplação do bosque anti-humano" (Idem).

Como já pode ser vislumbrado em outras passagens, o adjetivo "anti-humano" é frequentemente evocado como traço principal da selva. Seguramente, podemos lê-lo como uma menção a Canaima, a divindade diabólica dos índios Pemon, responsável pela violência que emana da floresta. Assim, uma leitura mitológica termina por reforçar o caráter distinto e personificado da montanha. Sem vontade de lutar contra ela ou contra Canaima, Marcos Vargas se deixa absorver e fundir por elas no apoteótico capítulo da tempestade:

> As raízes mais profundas de seu ser se fundiam no solo tempestuoso, era ainda uma tormenta o choque de seus sangues em suas veias, a mais íntima essência de seu espírito participava da natureza dos elementos irascíveis e no espetáculo imponente que agora lhe oferecia a terra satânica descobria-se a si mesmo homem cósmico, desnudo de história, reintegrado ao ponto inicial à beira do abismo criador (151).

É importante notar aqui que as metáforas usadas para descrever o homem provêm do mundo vegetal e de fenômenos naturais, tais como "raízes", "tormenta" e as referências à nudez. Depois de tudo, já não é a paisagem natural que se superpõe aos sentimentos e reações humanos; pelo contrário, são os humanos que se transformam em elementos da paisagem natural. Essa inversão, sutilmente manifesta, indica um expressivo desvio da ficção anterior, cujos espaços naturais, ainda que ásperos e violentos, não chegam a esse nível de ação e, sobretudo, não chegam a virar personagens.[6]

Depois do ponto sem retorno a que levou a experiência de Marcos Vargas na montanha, já não há para ele a possibilidade de um argumento convencional. Ele não é como o protagonista de *Doña Bárbara*, Santos Luzardo, que consegue estabelecer "o costume da cerca" (233)[7] na planície depois de seus conflitos com *doña* Bárbara. Marcos Vargas, ao contrário, se vê perdido para a barbárie, em uma perturbadora inversão do imaginário que circundava a obra de Gallegos devido à popularidade de *Doña Bárbara* e seu triunfo da civilização sobre a barbárie. É por uma espécie de estratégia de choque ou pela repentina irrupção de um fator inesperado que se despedaça um argumento até então muito normal. Como vimos, esse elemento já havia sido entrevisto no segundo capítulo; no entanto, é só depois da viagem de Marcos Vargas à montanha que ele se transforma em uma ameaça real ao protagonista e à própria história.

---

[6] Sobre essa mudança, Lesley Wylie (2009) comenta com relação ao gênero dos romances da selva: "nesses romances, o narrador (e, por extensão, o leitor) é forçado a submeter-se à irrepresentabilidade da paisagem tropical, à medida que a narrativa se alheia em elipses, exclamações horrorizadas ou palavras nativas não dicionarizadas. Essas lacunas textuais chamam a atenção não somente para as limitações do narrador enquanto comentarista confiável, mas também para os limites da estética da paisagem europeia" (34).
[7] No original: "la costumbre de la cerca".

5. Vidas Secas

Encontramos algo diferente em *Vidas Secas*. Além de ser o único romance dos três escrito em português, a mudança de paisagem implica também uma mudança de vocabulário e de metáforas. Com a passagem da floresta tropical de *A Voragem* e *Canaima* para o sertão árido e sem vida do nordeste brasileiro, excluem-se imagens emblemáticas dos primeiros romances que conectam as árvores altas a construções humanas, tais como "catedral", "cárcere verde" ou "templo de colunas".[8] Em seu lugar, o que temos é uma linguagem pobre em metáforas e adjetivos, uma linguagem efetivamente pobre.[9]

Como costuma acontecer, o livro se inicia com uma descrição da paisagem, mas com uma particularidade: em vez de todo um capítulo, essa descrição não dura mais que uma frase: "Na planície avermelhada os juazeiros alargavam duas manchas verdes. Os infelizes tinham caminhado o dia inteiro, estavam cansados e famintos" (3). Em duas breves frases, Ramos apresenta toda a situação. A cor vermelha, predominantemente usada para descrever a terra que sofre com a seca, se contrapõe aos arbustos verdes, talvez indicando o estreito fio de esperança no qual se baseia o argumento. Descritos como infelizes por fugirem da seca, os membros da família se veem em uma

---

[8] Esses são alguns termos utilizados para descrever a selva, por exemplo, na "Ode à Selva", que abre a segunda parte de *A Voragem*, ou nas descrições da selva em *Canaima*.
[9] Nas palavras de Wander Melo Miranda (2008), "Uma poética da escassez e da negatividade enuncia-se aí como contraposição ao pitoresco, ao descritivismo e ao gosto hiperbólico presentes na tradição do romance da seca, desde o naturalismo do século XIX até o regionalismo dos anos 1930" (41).

situação-limite que, com variações, já existia antes de começar o romance e continua vigente até o seu fim.

Ao contrário dos outros dois romances, em *Vidas Secas* não se dá uma mudança real ao longo do argumento. A família faminta e exausta chega a uma propriedade abandonada, consegue sobreviver ao fim da seca, vive como pode em sua miséria e é forçada a fugir outra vez quando começa uma nova seca. Não são burgueses ricos fugindo da capital antes de adentrar a selva; tampouco são *criollos* buscando prosperidade financeira e um casamento vantajoso antes de ser tomados pelo "mal da selva". Em situação bem diferente, a família criada por Ramos sempre viveu na miséria, sem a habilidade de se expressar e nem de construir algo com seus recursos material e intelectualmente tão escassos.

Fabiano, Vitória e seus filhos sem nome identificável, produto que são do sertão miserável, incorporam a seca à sua própria maneira de ser. De fato, as condições adversas em que vivem não permitem que eles se vejam como muito mais que animais, como mostra sua proximidade do personagem antropomorfizado que é sua cadela Baleia. Não por acaso, sua morte é provavelmente o episódio mais dramático de todo o romance. Assim, como seres próximos dos animais, a linguagem da família é limitada e sua capacidade de expressão quase inexistente. Isso fica explícito em uma passagem como: "Na verdade [Fabiano] falava pouco. Admirava as palavras compridas e difíceis da gente da cidade, tentava reproduzir algumas, em vão, mas sabia que elas eram inúteis e talvez perigosas" (9), ou, no caso do filho mais velho e consequentemente das futuras gerações:

"tinha um vocabulário quase tão minguado como o do papagaio que morrera no tempo da seca" (31).

No nível da sobrevivência física, portanto, a seca é inequivocamente percebida como um inimigo. Porém, o conflito entre personagens e natureza não seria plenamente elaborado se seu caráter tivesse sido tão conformado pelas condições ameaçadoras que enfrentam a ponto de lhes privar de qualquer ideia do que é a vida longe da seca. Em outras palavras, a despeito das adversidades físicas, se houvesse homogeneidade entre os sentimentos dos personagens e o efetivo estado da seca, não haveria um conflito real entre humanos e forças naturais. Os primeiros simplesmente aceitariam a seca como "um fato necessário" (3) e não alimentariam qualquer expectativa a respeito de uma vida livre destas adversidades. Para que esse conflito entre a família e a seca de fato exista, Ramos se vale de uma técnica narrativa fundamental a *Vidas Secas*: o discurso indireto livre.

Essa técnica, tão típica da literatura vanguardista, encontrou em Graciliano Ramos um de seus principais representantes na ficção brasileira.[10] Foi isso, inclusive, que levou Álvaro Lins (1984) a considerar o romance inverossímil, uma vez que um de seus defeitos, para Lins, é "o excesso de introspecção em personagens tão primários e rústicos,

---

[10] Para um estudo sobre o discurso indireto livre em *Vidas Secas*, ver Fábio Freixeiro (1968): "Podemos observar, portanto, neste capítulo de 'Vidas Secas', conforme já deparamos duas vezes, um estilo indireto livre *mais ou menos interior*, de acordo com a ausência ou presença de termos expressivos; dá-se isso, geralmente, com relação aos *estados mentais* da personagem, que, aliás, dominam as páginas estudadas" (70).

estando constituída quase toda a novela de monólogos interiores" (152). Efetivamente, em um primeiro momento, poderia surgir essa sensação de inverossimilhança, porque nada no comportamento dos personagens ou suas palavras sugeriria alguma dissonância para com a seca. Suas ações são secas, suas palavras são esparsas. Tudo neles se reduz a um mínimo. É, portanto, em seus pensamentos, por mais limitados que sejam, que se faz presente uma resistência às forças avassaladoras da seca.

"Um dia... Sim, quando as secas desaparecessem e tudo andasse direito... Significaria que as secas iriam desaparecer e tudo andar certo?" (12). Esse é um dos muitos pensamentos formulados por Fabiano sobre suas esperanças no futuro. Elas de fato já começam no primeiro capítulo, quando a família chega no "pátio de uma fazenda sem vida" (6) e ali ele pensa que "ia chover. Bem. A catinga ressuscitaria" (Idem). Pertence também à mesma categoria de pensamentos a indagação de Fabiano acerca de sua humanidade, o que o leva a reduzir seu status a "apenas um cabra"[11] (8) para finalmente concluir que é um animal. Outro fio de pensamentos importante se estabelece quando Vitória trata de dignificar-se ao desejar uma cama de verdade, ou quando o filho mais velho reflete acerca da existência do inferno. Esses momentos mantêm viva a condição da família como algo diferente dos animais que apenas compõem a paisagem da seca. E é, além disso, o que lhes dá a esperança de encontrar uma vida melhor ao fim do romance, quando a nova

---

[11] "Cabras" são trabalhadores rurais geralmente do Nordeste do Brasil. É um termo pejorativamente associado a pessoas de poucos recursos, tanto materiais como intelectuais.

seca os obriga a deixar a propriedade para continuar se deslocando.

Portanto, não é exatamente devido à repentina irrupção de uma natureza ameaçadora que se cria seu conflito com os personagens, mas sim em suas dúvidas relativas a sua condição, seja como componentes da seca, seja como elementos destacáveis que poderiam ter outra existência em outro contexto. De forma significativamente mais internalizada, é em sua capacidade de pensar além da seca que permite à família pensar contra a seca. É através desse movimento que uma narrativa extremamente sintética como a de *Vidas Secas* desenvolve um relato tão detalhado da vida interior dos personagens. É como se a secura do texto, equivalente à secura da terra, estivesse em conflito consigo mesma enquanto, simultaneamente, abre espaço para a emergência de uma ampla rede de pensamentos. A aparente paralisia da situação da família é então permanentemente desafiada por sua capacidade de pensar contra sua miséria. Ainda assim, a seca permanece presente até o fim, ou seja, seu controle sobre o argumento continua vigente e não há sinal de que algo mudará.

6. Como ler esses romances na era do Antropoceno?

O que temos aqui é esse momento específico curioso no qual, em diferentes países e distintas tradições literárias, a natureza se transformou nessa antagonista capaz de destruir argumentos e tragar personagens.

Seguramente, explicações históricas tais como a exploração da borracha e outros recursos na Amazônia e no alto Orinoco, bem como os efeitos devastadores da seca no Nordeste brasileiro no fim do século XIX e início do XX, todas justificam as escolhas temáticas dessas obras. No entanto, para além dessas escolhas, o que surpreende é a utilização desses modelos narrativos específicos. No fim das contas, já haviam sido escritos romances sobre a Amazônia, e *Vidas Secas* faz parte de um ciclo maior de romances sobre a seca do mesmo período, sem que a adoção de modelos narrativos semelhantes fosse uma constante.

O que está em questão aqui, em última instância, é o gesto de trazer a natureza para a superfície do argumento e tratá-la como um personagem quando, paradoxalmente, a ela não podemos atribuir um caráter individual e muito menos interdividual. Isso se dá pela simples razão de que não podemos atribuir à natureza nenhuma modalidade de desejo mimético, ou seja, não há negociação possível aqui. O que a selva e a terra seca fazem é oferecer algo como um ponto cego, uma parede, um limite. Ainda assim, a imitação e a emulação de modelos europeus proposta por Castro Rocha fica muito visível. De fato, as duas etapas estão quase decantadas: temos primeiramente um argumento ou uma promessa de argumento no estilo do século XIX, que é progressiva ou repentinamente rompido para dar lugar a narrativas emuladoras de seus modelos. Em sua apropriação do alheio, ambos se revelam indubitavelmente shakespearianos ou em dívida para com o olhar latino-americano tal como descrito por Castro Rocha. Essa é a sua contribuição propriamente estética.

Para finalizar, gostaria de falar brevemente de um ponto de vista adicional, que poderíamos chamar de antropológico caso o prefixo "antropo" pudesse ser mantido nesse caso. Refiro-me a um outro "antropo", o do conceito emergente de Antropoceno, ou da possível era geológica na qual vivemos hoje em dia. O Antropoceno é basicamente marcado pela profunda intervenção humana no planeta, que culmina na atual crise ecológica.[12] No Antropoceno, história humana e história geológica se confundem no que autores como Bruno Latour (2014) chamam "geo-história". Nas palavras do autor, "esse é o significado assustador do aquecimento global: através de uma inversão surpreendente entre fundo e superfície, é a história humana que se congela enquanto a história natural ganha um ritmo frenético" (12). Com toda a sua complexidade, o que traz o conceito de Antropoceno é 1) que o homem se torna um agente geológico; 2) que, devido às consequências dessa ação, a natureza se transforma em um agente da história humana.

Como resultado, o poder de interferência de um sobre o outro é equivalente. É precisamente aqui que as narrativas de Rivera, Gallegos e Ramos oferecem um especial interesse: todas trazem modelos narrativos que põem em cena essa dinâmica. Se seria relativamente anacrônico considerar *A Voragem*, *Canaima* e *Vidas Secas* como

---

[12] Ao trasladar o conceito de Antropoceno das ciências geológicas para as sociais, Dipesh Chakrabarty (2009) assim o define: "alguns cientistas propuseram que reconheçamos o início de uma nova era geológica, na qual os seres humanos agem como os principais fatores determinantes do meio ambiente do planeta. O nome que escolheram para essa nova era geológica é Antropoceno" (209).

respostas ao aquecimento global, permito-me fazer um leve anacronismo deliberado[13] e sugerir que, em sua forma bem específica de apresentar o conflito entre personagens humanos e não humanos, estes romances podem nos oferecer possíveis maneiras de pensar, lidar e processar a atual crise. Poderíamos dizer que obras como essas nos trazem reflexões que prefiguram e ultrapassam os argumentos de Latour e outros teóricos da crise ecológica. Pelas lentes das teorias do Antropoceno e da geo-história, os desafios que oferecem tais romances são efetivamente desafios ao próprio desejo mimético como gesto fundamental das relações humanas, uma vez que as relações agora impostas já não incluem apenas seres humanos.

Em conclusão, nesta comunicação procurei apresentar sobretudo as consequências estéticas dessa antropofagia transtornada, que ainda assim, nas palavras de Castro Rocha sobre a antropofagia oswaldiana, é "uma forma alternativa de assimilação de conteúdos que, num primeiro momento, foram impostos por condições objetivas de poder político e cultural" (361). Ao acrescentar novos gêneros, temas e obras às ideias propostas por Castro Rocha sobre o processo imitação/emulação, tratei de encontrar pontos onde a operacionalidade deste par, ainda que

---

[13] Em sua contribuição ao informe sobre o presente estado da disciplina de Literatura Comparada feito pela American Comparative Literature Association, Jennifer Wenzel descreve o crescente impacto da crise ecológica e consequentemente do Antropoceno na literatura e nos estudos literários atuais. Sem utilizar o termo anacronismo, a autora propõe, porém, que "uma 'literatura do Antropoceno' traria desafios à periodização", e que "uma perspectiva histórica mais ampla consideraria momentos anteriores da ansiedade climática (além da literatura contemporânea que já a expressa)". É como investigação desses momentos anteriores que o presente estudo se alista.

muito ativa, chega a algo como um limite. E para continuar nos fazendo pensar – ainda que não por vias exatamente literárias – me pergunto o que a introdução de uma natureza ativa, ou seja, esse elemento de forte alteridade (mas paradigmático da "nossa América"), pode nos propor acerca do desejo mimético no contexto antropocênico, ou seja, quando o próprio conceito de desejo mimético encontra também os limites de sua operacionalidade.

Bibliografia

Aínsa, Fernando. "¿Infierno Verde o Jardín del Éden? El Topos de la Selva en *La Vorágine* y *Los Pasos Perdidos*". In: *Espacios del Imaginario Latinoamericano: Propuestas de Geopoética*. La Habana: Instituto Cubano del Libro, 2002, p. 103-48.

Andrade, Oswald de. "Manifesto Antropófago". In: *Obras Completas*, vol. 6. Rio de Janeiro: Civilização Brasileira, 1972.

Candido, Antonio. *Ficção e Confissão: Ensaio sobre a Obra de Graciliano Ramos*. Rio de Janeiro: José Olympio, 1956.

Castro Rocha, João Cezar de. *¿Culturas Shakespearianas? Teoría Mimética y América Latina*. México, D.F.: Universidad Iberoamericana/ITESO, 2014.

Chakrabarty, Dipesh. "The Climate of History: Four Theses". *Critical Inquiry*, n. 35, inverno de 2009, p. 197-222.

Cunha, Euclides da. *À Margem da História*. Porto: Editora Lello Brasileira, 1967.

Freixeiro, Fábio. "O Estilo Indireto Livre em Graciliano Ramos". In: *Da Razão à Emoção: Ensaios Rosianos e Outros*. São Paulo: Companhia Editora Nacional, 1968, p. 67-76.

Fuentes, Carlos. *La Nueva Novela Hispanoamericana*. México, D.F.: Editorial Joaquín Mortiz, 1969.

Gallegos, Rómulo. *Canaima*. España: Archivos CSIC, 1991.
_____. *Doña Bárbara*. Madrid: Cátedra, 1997.

Gómez Restrepo, Antonio. "La Vorágine". In: Ordoñez, Montserrat (org.). *La Vorágine: Textos Críticos*. Bogotá: Alianza Editorial Colombiana, 1987, p. 45-47.

González Echevarría, Roberto. "Canaima y los Libros de la Selva". In: *Crítica Práctica/Práctica Crítica*. México, D.F.: Fondo de Cultura Económica, 2002.

GRASES, Pedro [1949]. "La Novela en América". In: *Escritos Selectos*. Caracas: Biblioteca Ayacucho, s/d.

LATOUR, Bruno. "Agency at the Time of the Anthropocene". *New Literary History*, vol. 45, n. 1, inverno de 2014, p. 1-18.

LINS, Álvaro. "Valores e Misérias das Vidas Secas". In: RAMOS, Graciliano. *Vidas Secas*. Rio de Janeiro: Record, 1984, p. 127-55.

MELÉNDEZ, Concha. "Tres Novelas de la Naturaleza Americana: *Don Segundo Sombra, La Vorágine, Doña Bárbara*". In: *Signos de Iberoamérica*. México, D.F.: Manuel Leon Sánchez, 1936.

MENDIETA ALATORRE, Ángeles. *El Paisaje en la Novela de América*. México, D.F.: Secretaría de Educación Pública, 1949.

MIRANDA, Wander Melo. "Uma Poética da Falta". In: *Colóquio Graciliano Ramos*. Salvador: Fundação Casa de Jorge Amado, 2008, p. 33-47.

MOLLOY, Sylvia. "Contagio Narrativo y Gesticulación Teórica en La Vorágine". In: ORDOÑEZ, Montserrat (org.). *La Vorágine: Textos Críticos*. Bogotá: Alianza Editorial Colombiana, 1987, p. 489-513.

RAMOS, Graciliano. *Vidas Secas*. Rio de Janeiro: Record, 1984.

RAMOS, Graciliano & SENNA, Homero de. "A Última Entrevista de Graciliano Ramos". *Revista Bula*, disponível em http://www.revistabula.com/3237-a-ultima-entrevista-de-graciliano-ramos/. Acessado em 11 de novembro de 2014.

RIVERA, José Eustasio. *La Vorágine*. México, D.F.: Editorial Porrúa, 1989.

_____. *A Voragem*. Trad. Reinaldo Guarany. Rio de Janeiro: Francisco Alves, 1982.

SOMMER, Doris. *Foundational Fictions: the National Romances of Latin America*. Berkeley and Los Angeles: University of California Press, 1991.

WENZEL, Jennifer. "Climate Change". *The 2014-105 Report on the State of the Discipline of Comparative Literature*, disponível em http://stateofthediscipline.acla.org/entry/climate-change. Acessado em 20 de janeiro de 2015.

WYLIE, Lesley. *Colonial Tropes and Postcolonial Tricks: Rewriting the Tropics in the Novela de la Selva*. Liverpool: Liverpool University Press, 2009.

parte III
invisibilização social das culturas

capítulo 8
a interdependência das culturas indígenas mesoamericanas como verdade romanesca

Roger Magazine[1]

Recentemente, ao ler o trabalho de João Cezar de Castro Rocha, ¿*Culturas Shakespearianas? Teoría Mimética y América Latina*,[2] no qual o autor emprega a teoria mimética de René Girard para analisar as culturas latino-americanas, me chamou a atenção um vínculo com meu próprio trabalho de investigação etnográfica sobre uma comunidade rural/indígena na região central do México. Neste capítulo, espero poder contribuir para este esforço por entender a relação entre a teoria mimética e as culturas latino-americanas a partir de um ponto de vista usualmente invisibilizado por ser alheio à cultura europeia. Tentarei responder à pergunta: que lugar ocupa a mímesis dentro da tradição cultural dos

---

[1] Queria agradecer à Dirección de Investigación da Universidad Iberoamericana por seu generoso financiamento da investigação sobre a qual se baseia este capítulo.
[2] João Cezar Castro Rocha, ¿*Culturas Shakespearianas? Teoría Mimética y América Latina*. México, D.F., Universidad Iberoamericana/Iteso, 2014.

povos indígenas mesoamericanos? Em outras palavras, vou sugerir uma comparação entre as culturas indígenas mesoamericanas e a cultura ocidental moderna baseada na forma dominante pela qual cada uma enfrenta a mímesis. Para adiantar brevemente a conclusão, enquanto a tendência dominante na cultura moderna ocidental é negá-la e assim viver a mentira romântica, os povos indígenas acolhem a mímesis, vivendo-a como verdade romanesca.

O que vou explanar aqui provém principalmente da investigação etnográfica que realizei no povoado de Tepelaoxtoc no Estado do México. Situado a apenas uma hora e meia da cidade, é um lugar que foi fortemente afetado pelos esforços estatais de modernização e mexicanização. Há mais de um século, os residentes são hispanofalantes e não se definem como indígenas. No entanto, são diferentes das pessoas da cidade. Creio que a forma principal em que se distinguem poderia ser descrita como um contraste entre as diferentes formas de entender e viver o desejo, a vontade e a ação. O trabalho de alguns antropólogos sobre comunidades indígenas em outras partes do país sugere que o que vou descrever aqui é algo mais generalizado,[3] ainda que deva mencionar que não é um enfoque predominante na antropologia social hoje em dia.

---

[3] Cf. Catharine Good Eshelman, "La Vida Ceremonial en la Construcción de la Cultura: Procesos de Identidad entre los Nahuas de Guerrero". In: Johanna Broda e Catharine Good Eshelman (orgs.), *Historia y Vida Ceremonial en las Comunidades Mesoamericanas: los Ritos Agrícolas*. México, D.F., INAH/UNAM, 2004, p. 127-49; James M. Taggart, *Remembering Victoria: A Tragic Nahuatl Love Story*. Austin, University of Texas Press, 2007; Carlos Lenkersdorf, *Filosofar en Clave Tojolabal*. México, D.F., M.A. Porrúa, 2002.

Enquanto na cultura ocidental moderna de individualidade e propriedade privada, o desejo de agir é visto como algo que surge de cada indivíduo, o que nos leva à negação da mímesis e à mentira romântica, entre os povos mesoamericanos, a ação e o desejo de agir *devem* ser produzidos por alguma outra pessoa. Chamei a isto interdependência[4] para distingui-lo da dicotomia independência e dependência, na qual a independência é valorizada e associada com a força e a dependência é depreciada e associada à fraqueza. A semelhança com o conceito de interdividualidade coletiva de Castro Rocha[5] não é por acaso. Nesse contexto em que se valoriza a interdependência, precisa-se de outra pessoa, inclusive para desejar ou agir.

Na cosmovisão ocidental, postulamos uma realidade prévia a ou independente da vida sociocultural humana que chamamos de "natureza". Nesta realidade, tudo – incluindo pessoas e coisas – começa com sua própria essência ou identidade. Em outras palavras, as pessoas e as coisas são percebidas como separadas e individuais (não divisíveis) de maneira inata. Essa separação inicial implica que as relações entre pessoas ou entre pessoas e coisas sempre têm de ser criadas.[6] As coisas e as outras

---

[4] Roger Magazine, *El Pueblo Es como una Rueda: Hacia un Replanteamiento de los Cargos, la Familia y la Etnicidad en el Altiplano de México*. México, D.F., Universidad Iberoamericana, 2015.
[5] Castro Rocha, op. cit.
[6] Como reconheceu Shakespeare, tais separações também implicam em uma série de liberdades. Argumento que foram essas liberdades as que interessaram tanto a este autor nas cidades mediterrâneas num momento em que nasceu essa lógica sociocultural baseada na separação das pessoas e coisas e na concorrência econômica. Assim, suas obras são reflexões sobre a tensão

pessoas são atraentes e valorizadas precisamente por serem alheias, por terem suas próprias essências. De fato, um de nossos propósitos na vida é a criação destas relações: a socialização do separado. Mas o que é criado é, por definição, contingente, e pode ser perdido também. O que conhecemos como posses ou propriedade privada são versões dessas relações reconhecidas e protegidas pela lei, para assegurar sua permanência. Inclusive, nosso próprio desejo ou vontade são percebidos como coisas potencialmente alienáveis de que temos que cuidar para que não sejam possuídos por outra pessoa, evitando assim cair em um estado de dependência, no qual parte de nós é controlada por um outro.

A teoria da mímesis defende algo muito diferente: o valor das coisas e nosso desejo por elas são necessariamente relacionais ou sociais. Nas palavras de Castro Rocha: "o 'eu' não deseja a partir de uma subjetividade autoconcentrada e autotélica – uma subjetividade que impõe suas próprias regras. Muito pelo contrário, o eu não deseja a partir de um outro, tomado como modelo para determinar seu próprio objeto de desejo".[7] Por isso, precisamos negar a mímesis – o que Girard descreve como viver a mentira romântica – em dois níveis diferentes. Primeiro, a negamos no nível pessoal, posto que reconhecer a criação mimética de nossos próprios desejos implica uma perda: o

entre um velho mundo com pessoas e coisas interconectadas e, portanto, com um lugar bem definido na coletividade, e um novo e emocionante que oferece uma série de liberdades, incluindo a mobilidade social e o amor romântico (no qual "o coração" escolhe livremente), mas também problemas como o aumento da inveja e do conflito.
[7] Castro Rocha, op. cit., p. 47-48.

que deve ser meu e apenas meu veio, pelo visto, de outra pessoa, que, por conseguinte, me possui e me controla. E segundo, a negamos no nível coletivo porque nossa cosmovisão depende da negação: só pode existir essa realidade "natural", prévia à vida sociocultural humana, negando-se a criação social – através da mímesis – desta realidade. Negando a mímesis, a criação dialético-social, nós a vivemos como concorrência, e os economistas nos ajudam a justificar a negação, lembrando-nos que nosso progresso requer concorrência.

Na cultura indígena que vou descrever, o que existe previamente são as relações e interconexões, e o que tem de ser criado, ou melhor, separado, são as identidades ou essências.[8] É uma cosmovisão que acolhe a mímesis como realidade prévia, como sua verdade romanesca nos termos de Girard: tudo que é significativo e valorizado é criado através da interação social. Essa admissão implica uma vida dirigida a propósitos e desafios muito diferentes dos da cultura ocidental moderna. A ação humana está dirigida, explicitamente, à criação do desejo ou à vontade de agir em outros. Em outras palavras, a identidade de uma pessoa como agente, com um propósito particular, só pode ser criada por outra. E essa necessidade do outro para poder agir não é visto como dependência, fraqueza ou perda. É um ganho, isso sim, e para ambos os participantes, já que a ação é inalienável do agente e de quem o criou. Este ganho não implica que haja perda para outros.

---

[8] Cf. Marilyn Strathern, *The Gender of the Gift: Problems with Women and Problems with Society in Melanesia*. Berkeley, University of California Press, 1988; Roy Wagner, *The Invention of Culture*. Chicago, University of Chicago Press, 1981 [1975].

Ou, mais exatamente, *tem que* significar ganhos para alguém mais também.

Esta inversão entre o inato e o sentido da vida na cultura indígena mesoamericana são difíceis de imaginar e, portanto, vou passar a alguns exemplos. O meu favorito é a organização das festas que celebram os santos padroeiros. É o meu favorito porque as pessoas do povoado o usam para se pôr em contraste com seus "outros", os da cidade, e, além disso, os antropólogos têm tido muito interesse nestas atividades, ainda que, como vou sugerir, pelos motivos errados.

1. A organização das festas e a criação do desejo de agir nos outros

A organização da festa começa com uma pessoa que assumiu o papel de mordomo. Segundo a sabedoria antropológica tradicional, o mordomo está encarregado de patrocinar a festa, o que é um grande sacrifício econômico, cuja recompensa, porém, é a reprodução da comunidade, posto que o povoado se reúne para a festa. Assim, os antropólogos se interessaram por essas práticas como a forma local de tecer relações entre pessoas originalmente separadas. Ou, noutras palavras, como a forma local de produzir estrutura social e comunidade. Em troca de seu sacrifício econômico individual pelo bem coletivo, o mordomo acumula prestígio e uma posição mais alta na hierarquia do povoado. Assim, as festas e as mordomias têm sido de grande interesse para o antropólogo social porque propiciam uma dupla construção de relações: entre todas as pessoas que formam a comunidade e entre os indivíduos e as várias posições na estrutura hierárquica social.

No entanto, no meu trabalho de campo, algo muito diferente foi por mim observado e a mim explicado. É verdade: sim, o mordomo tem que cobrir os gastos de uma parte da festa, mas sua tarefa principal é fazer com que os outros participem. Tem que tirá-los de um estado como a inércia e transformá-los em agentes. Para fazê-lo, vai de porta em porta no decorrer do ano anterior à festa para pedir colaborações [*cooperaciones*], que são contribuições monetárias para a festa. Esse trabalho de coletar colaborações (e é por eles descrito precisamente como *trabalho*), não consiste simplesmente em tocar campainhas e coletar dinheiro. Diferente disso, em cada casa o mordomo tem que convencer a pessoa a contribuir. Tem de criar sua vontade e seu desejo. O doador em potencial sempre vai começar dizendo que não pode porque não tem dinheiro ou porque não sabe se o mordomo vai trabalhar o bastante (e motivar a participação de gente suficiente) para fazer uma boa festa. O mordomo, em resposta, falará de tudo que vai fazer para conseguir dar uma boa festa e de como é bonito participar da festa para o santo.

Todos sabem que alguém que não colabora pode ter problemas com o santo, ou, inclusive, com o mordomo, já que provavelmente o mordomo deu sua colaboração ao doador em potencial quando o último foi o mordomo. Isto é, ele lhe deve essa colaboração. No entanto, na interação à porta do doador em potencial, ninguém mencionará essas coisas. O que o mordomo tem que fazer, diferente disso, é contagiar o outro com seu estado subjetivo, com seu entusiasmo. É comum que o potencial doador convide o mordomo a entrar em sua casa para tomar uma bebida, o que pode facilitar o trabalho de convencimento. O mordomo considera as bebidas que tem que tomar como parte de seu trabalho. Além disso, suspeito que o álcool tenha a capacidade de ajudar o mordomo a obter a transformação que precisa realizar na outra pessoa.

Depois de um tempo de convencimento, a negação terminante do doador potencial irá mudar para um estado de resistência. Por exemplo, o doador em potencial dirá que quer dar a contribuição, mas depois, quando tiver dinheiro. Assim, põe o mordomo à prova para ver se realmente está disposto a trabalhar, o que implica obrigá-lo a voltar noutro dia, e provavelmente em outras múltiplas ocasiões, para continuar a tarefa de convencimento. O mordomo tem que continuar insistindo – sem forçar, nem obrigar – até que a resistência do potencial doador se transforme em um estado subjetivo de vontade própria e em ação.

Os que assistem à festa, afinal de contas, são os que cooperaram. Assim, uma festa se mede não pela quantidade de fogos de artifício ou pela qualidade da música, mas pela participação das pessoas. Se um mordomo investe muito de seu dinheiro na festa pode comprar muita comida, álcool e entretenimento, mas poucos irão assistir e todos dirão que ele não fez um bom trabalho como mordomo. De fato, essa é precisamente a queixa que as pessoas do povoado dirigem aos mordomos que têm influência urbana (gente do povoado que viveu muito tempo na cidade ou imigrantes de zonas urbanas): esses mordomos pensam que não precisam dos outros e que podem fazer a festa sozinhos. São chamados de individualistas ou convencidos, que é a mesma forma como as pessoas do povoado falam do povo da cidade em geral. Às vezes dizem que eles agem assim por inveja ou um desejo inapropriado de monopolizar o prestígio. Em outros momentos, reconhecem que os mordomos urbanos pensam que estão fazendo o que é moralmente correto, agindo a partir da iniciativa individual para sacrificar sua riqueza pessoal pelo povo. Não obstante, tais mordomos urbanos, sem sabê-lo, recaem no mesmo equívoco que muitos antropólogos: supõem que a festa é um sacrifício individual para o bem coletivo. Porém, para as pessoas do povoado, a festa requer a criação de ação individualizada a partir das relações sociais já existentes.

Nunca se diz, no povoado, que o mordomo dá a festa. Dizem: "a festa se faz entre todos". Isso quer dizer que todos os que participam com uma colaboração estão dando a festa. Noutras palavras, não dão o seu dinheiro ao mordomo para que ele dê a festa. E sim, dão a festa por meio dele. Inclusive fala-se de acompanhar o mordomo na festa dando sua colaboração, mesmo se não comparecem fisicamente no dia da festa. Portanto, as colaborações são inalienáveis e a ação do doador, ainda que causada pelo mordomo, continua sendo dele. Os doadores ou agentes não veem a provocação do mordomo como controle ou dominação. Poderíamos dizer que é um tipo de coerção necessária e sem violência.

O fato de a ação ser do agente, ao mesmo tempo que é produto do trabalho do mordomo, mostra a ausência de uma preocupação quanto à posse e à acumulação. No povoado, uma prova de que a ação é do agente é sua atitude ou estado subjetivo. O agente deve agir com gosto, afã ou vontade. Alguém que age na festa com má vontade [*mala gana*], como se tivesse sido forçado por alguém, pode ser castigado pelo santo, já que sua atitude contagiará o santo (as pessoas e os santos também estão interconectados), que se aborrecerá, chegando a ser potencialmente perigoso para o povoado em geral. Escutam-se várias histórias de gente que foi queimada ou morta pelos rojões por participar com má vontade.

Pode-se observar esta incitação de desejo no outro também no processo da escolha do mordomo seguinte. O mordomo é responsável por encontrar seu substituto para o ano seguinte. Se não o consegue, tem de dar a festa outra vez. Alguém que se oferece voluntariamente para ser mordomo é visto com suspeita, porque age sozinho, como se não precisasse de mais ninguém. Geralmente alguém que pensa em ser mordomo dá a conhecer esta vontade de maneira indireta. Quando essa informação chegar ao mordomo atual, ele começará o seu trabalho de convencimento. Uma vez tive a oportunidade de observar a parte final deste processo de convencimento de um novo mordomo e me chamou a atenção as mudanças radicais em seu estado de ânimo. Nesta ocasião, que foi num dia de festa, pude observar uns vinte homens acendendo aproximadamente mil rojões e "bombas" de diferentes estilos, por cerca de trinta minutos. Depois, um homem trouxe algumas garrafas para nos servir uma mistura de tequila com refresco, e, então, começamos a falar da comparação do show de fogos desse ano com relação ao do ano passado. Em certo ponto, vi que todas as pessoas se reuniram, e, quando perguntei o motivo de todos se juntarem, me explicaram que estavam escolhendo o substituto para o ano seguinte. Porém, não havia nem uma eleição, nem uma discussão sobre quem deveria fazê-lo. De alguma forma, eles já haviam escolhido o homem, e ainda que o encarregado atual tenha tomado a iniciativa, o grupo inteiro tratava de convencê-lo, ou, melhor dizendo, de pressioná-lo de forma insistente, embora bem-educada, a fazê-lo. Ele se negava e em princípio pareceu não levá-los a sério, mas conforme a pressão continuou, ele argumentou que não podia fazê-lo devido a só ter participado desta festa específica por um par de anos, de forma que não tinha conhecimento suficiente de como a mesma funcionava. Algumas pessoas comentaram com ele que não devia se preocupar com isso, já que todo mundo ajudaria, enquanto outros asseveravam que era um trabalho fácil. Uma pessoa chegou a comentar que era um trabalho simples porque "a lista já estava feita", referindo-se à lista de pessoas que participaram esse ano e que provavelmente participariam de novo.

No fim das contas, o homem aceitou, e pude notar uma mudança imediata tanto em sua atitude como em sua linguagem corporal. Enquanto tratavam de convencê-lo, parecia se encolher, como se estivesse tentando se proteger e se cobrir deles; porém, uma vez aceito o encargo, quedou-se firmemente de peito estufado, assumindo uma postura de líder. Antes que todos pudessem saber o que estava acontecendo, anunciou que três dos homens que o estavam pressionando de forma mais incisiva seriam seus ajudantes. Estas pessoas se mostraram surpresas e não exatamente satisfeitas, porém era impossível se recusarem a colaborar depois de ter oferecido sua ajuda. Poucos minutos depois, ele já havia conseguido uma caneta e um caderno e estava passeando entre as pessoas, coletando compromissos de colaborações para o próximo ano. Nesse momento me convenceu a adicionar meu nome à lista. Em geral, podia-se dizer que sua linguagem corporal demonstrava completamente essa atitude de "gosto" que se supõe que a pessoa deva sentir ao assumir um encargo, ainda que o desejo de aceitá-lo tenha surgido de outra pessoa.

2. A criação do desejo de agir nos outros como princípio geral

Esta criação de desejo e de ação em outros se vê claramente na organização das festas, mas eu diria que é generalizada nas interações sociais do povoado. Por exemplo, na atividade tão básica que é beber álcool, eles nunca se servem a si mesmos. Se uma pessoa está servindo um grupo com quem compartilha sua mesa, terá que passar a garrafa a outra pessoa para que esta lhe sirva. Se alguém terminou de beber o que está em seu copo, quer mais, e ninguém se oferece para lhe servir, terá que passar a garrafa a outro a fim de que este lhe convide e o sirva.

Os funerais são outro momento nos quais a importância de fazer as coisas desta forma fica aparente. Os moradores dizem que em um funeral é importante que as pessoas que não fazem parte da família carreguem o ataúde. A presença de pessoas que não são membros da família para carregar o féretro demonstra que o falecido foi "um bom vizinho", o que significa alguém que participou quando foi solicitado a fazê-lo, de maneira que reconheceu sua necessidade dos outros. Este último ato de necessitar dos outros (para carregar o caixão) e a vontade dos outros de fazê-lo indicam que a pessoa viveu uma boa vida neste sentido. Poderia dizer-se também que o falecido, através de suas ações na vida, motivou seus "vizinhos" a carregar seu féretro. Em contraste, é considerado uma vergonha se o falecido é incapaz de produzir essa ação nos outros, de forma que seus próprios familiares tenham de fazê-lo.

A antropóloga social Catharine Good Eshelman dá outro exemplo muito concreto, em um povoado indígena de Guerrero, da maneira como o desejo e a ação têm de se originar em outro. Essa investigadora defende que as pessoas sempre trabalham em benefício de outras, e quando o fazem, passam às demais seu *chicahualiztli* ou força, uma energia vital dotada de capacidade geradora mediante a qual o trabalho de seu destinatário se faz produtivo e visível.[9] Noutras palavras, a força que alguém passa a outra pessoa lhe dá ânimo: "De outra maneira, uma pessoa trabalha mas só 'se cansa', sua, mas 'não vê o seu trabalho'".[10] Com esse exemplo, vemos que as pessoas contêm em si mesmas partes de outras (sua força), as quais incitam nelas desejo e ação. O desafio ou a finalidade do trabalho não é possuir ou acumular, mas sim dar uma identidade ao produto como tal, torná-lo visível, e isso requer, explicitamente, cooperar com outra

---

[9] Good Eshelman, op. cit., p. 137.
[10] Ibidem, p. 137-38.

pessoa. Não há nada alheio aos participantes que possa ser possuído, e, dado que tornam manifesto o caráter social da ação, não há concorrência para ver quem fica com o crédito.

3. As implicações de acolher a mímesis para as relações inter-étnicas

Essa forma de acolher a mímesis em vez de negá--la também pode explicar a forma específica como as pessoas de Tepetlaoxtoc se relacionam com outras coletividades e, em particular, com quem é da cidade grande. À diferença da suposição dominante nas ciências sociais de que a relação entre os indígenas e o mundo moderno-ocidental é caracterizada pela dominação e pela resistência, os moradores do povoado não parecem particularmente preocupados em conservar sua cultura ou resistir à de fora. Eles estão, isso sim, bastante dispostos a adotar práticas de fora e, em particular, do mundo citadino/moderno. Inclusive, as pessoas de Tepetlaoxtoc nem sequer se consideram indígenas, ainda que ao mesmo tempo tenham resistido à assimilação completa à sociedade dominante. Essa resistência à assimilação se mostra em sua insistência em se diferenciar das pessoas da cidade grande, que consideram arrogantes e socialmente incompetentes por pensar que podem fazer as coisas sem ajuda de mais ninguém. Essa tendência a adotar com facilidade práticas alheias e ao mesmo tempo resistir à assimilação durante grandes períodos chamou a atenção e surpreendeu (e, em certos casos, frustrou) diversos observadores dos povoados indígenas desde a conquista. O antropólogo Pedro Pitarch[11] explicou essa aparente contradição com a colocação de que, diferentemente da cultura ocidental moderna, os povos indígenas mesoamericanos não têm interesse em sua identidade ou em uma fidelidade a sua cultura. Diferente disso, segundo este autor, sua preocupação principal é sua própria transformação constante e a adoção de novas maneiras de fazer as coisas e de ser. Eu diria que essa falta de preocupação com a autenticidade e posse da cultura, juntamente com o interesse por experimentar o que é alheio, é mais uma mostra de sua aceitação plena da mímesis, nesse caso, a nível coletivo.

Voltando ao caso de Tepetlaoxtoc, me parece que o acolhimento da mímesis também se reflete em sua forma de ver as pessoas da cidade não só como individualistas e arrogantes, mas também incompetentes. As pessoas do povoado não conseguem entender a forma urbana de se relacionar socialmente e, portanto, concluem que elas são egoístas e não sabem como viver em comunidade. Creio que não conseguem entendê-la porque as pessoas do povoado e as da cidade têm diferentes formas de perceber a outridade ou alteridade. A maneira citadina ocidental de perceber o outro no nível coletivo passa por encontrar e decifrar a sua cultura. Dessa maneira, podemos ter um objeto para ver e entender. O antropólogo Eduardo Viveiros de Castro assim o explica em sua comparação entre as ontologias ocidentais e ameríndias: "O nome do nosso

---

[11] Pedro Pitarch, "Infidelidades Indígenas". *Revista de Occidente*, n. 270, 2003, p. 60-75.

jogo é objetificação; o que não é objetificável e pertence ao irreal e ao abstrato. A forma do outro é *a coisa*".[12] A maioria de nossas teorias sobre a variação cultural e a etnicidade presume a universalidade desta forma de perceber o outro: os outros são aqueles que vivem suas vidas de maneira distinta ou realizam coisas de forma diferente. Por exemplo, conceitos como multiculturalismo e interculturalismo, que atualmente guiam a política do Estado mexicano com respeito à etnicidade (a população indígena), baseiam-se nessa noção do outro como objeto, como algo separado ou alheio, ou, mais especificamente, como uma cultura diferente.

Minha opinião é que o que ocorre em Tepetlaoxtoc é que as pessoas têm problemas relacionando-se com as pessoas da cidade que lhes presumem como "outros", pois para elas o outro não é um objeto – um grupo étnico com uma cultura – mas um sujeito. Gostaria de citar de novo Viveiros de Castro: "O xamanismo ameríndio é guiado pelo ideal oposto. Conhecer significa personificar, é levar em conta o ponto de vista daquele que deve ser conhecido. O conhecimento xamânico aponta para algo que na realidade é alguém, outro indivíduo. *A forma do outro é a pessoa*".[13] Considero que seria de grande utilidade pensar no conceito de alteridade em Tepetlaoxtoc da mesma maneira. Para os moradores do povoado, conhecer ou ver o outro requer que este outro tome a forma de um sujeito, ou mais precisamente, a forma de uma pessoa

---

[12] Eduardo Viveiros de Castro, "Exchanging Perspectives: The Transformation of Objects into Subjects in Amerindian Ontologies". *Common Knowledge*, vol. 10, n. 3, 2004, p. 468, grifo do autor.
[13] Ibidem, p. 468 (grifo no original).

disposta a subjetificar e a ser subjetificada. Esse interesse na criação da subjetividade ou o desejo de agir em outros é o que os moradores de Tepetlaoxtoc esperam encontrar nas pessoas da cidade, mas como não conseguem descobri-lo, pois os citadinos estão mais ocupados em produzir e encontrar objetos e não sujeitos, encontram apenas uma ausência, a qual descrevem como incompetência. O fato de os citadinos serem invisíveis, no sentido de não aparecerem como um outro para os do povoado, é análogo ao fato de que as pessoas indígenas são invisíveis, em muitos casos, para as pessoas das cidades por sua falta de riqueza e progresso material.

Usualmente, os antropólogos e os citadinos modernos vêm considerando que as pessoas que tendemos a categorizar como indígenas nos veem da mesma maneira que nós a eles: como um grupo étnico diferente que tem, por sua vez, uma cultura diferente. No entanto, o que eu gostaria de sugerir aqui é que eles nos veem de forma diferente, já que o que importa para eles é a produção de sujeitos, não a produção de objetos como "cultura". Dessa forma, o que para eles é verdadeiramente importante a respeito do outro não é a sua identidade ou suas diferenças, mas sim o fato de que este aja sobre eles para produzir neles um desejo de agir e vice-versa. Nesse sentido, o outro não é visto como um objeto a distância. O outro é percebido, isso sim, como uma pessoa viva que está interconectada com eles ou que tem com eles uma relação de interdependência ou uma interdividualidade coletiva, para tomar de empréstimo um termo de Castro Rocha, tal como proposto em seu livro ¿*Culturas Shakespearianas? Teoría Mimética y América Latina*.

4. Deuses que pedem ajuda, e não sacrifícios

Mas se a mímesis não é vivida através da concorrência e do conflito na cultura indígena, como podemos explicar o papel tão central dos sacrifícios humanos nas sociedades pré-hispânicas, se o sacrifício é, segundo a teoria mimética, a forma de preservar a coesão social frente à concorrência e conflito criado pela mímesis? Não pretendo me arrogar perito em sacrifício humano pré-colombiano, mas creio que nosso entendimento de culturas indígenas contemporâneas nos pode ajudar a interpretar as evidências de épocas anteriores sobre esse tema. O que vou defender é que o termo "sacrifício", que toma emprestado seu significado de nossas próprias ideias e práticas religiosas, distorce nosso entendimento do que os astecas [*mexicas*] e outros grupos pré-hispânicos estavam fazendo. Vou argumentar que se tratava de uma prática na qual o suposto "sacrificado" não ocupava o papel de bode expiatório. A lógica por trás destas práticas não foi um reflexo de concorrência, mas de interdependência. E não se tratava da destruição do objeto de desejo comum para dissipar o conflito, mas sim da produção de ação em outro, de motivar o seu trabalho. Como vimos neste texto, quando se cria esta ação nos outros na vida cotidiana contemporânea, o agente ou o produtor do desejo tem que transformar o estado subjetivo do outro, fazendo-o passar de oposição à resistência e, por fim, à vontade. Quando o gerador da ação é um deus, uma transformação adicional é necessária: uma ontológica, já que o trabalho que deve fazer para ajudar o deus é de outro âmbito ontológico. Argumentarei, em seguida, que o que interpretamos como sacrifício seria melhor entendido como a transferência de um trabalhador de um âmbito ontológico a outro onde a ajuda faz falta.

Meu método de exposição nesse texto consiste em explorar interpretações antropológicas de algumas práticas indígenas contemporâneas que são análogas ao sacrifício humano pré-colombiano e, em seguida, extrapolar esses entendimentos até o passado pré-conquista. Por exemplo, David Lorente, em seu trabalho sobre as comunidades da serra da região texcocana, descreve uma relação de interdependência entre humanos e seres chamados de *ahuaques*, que vivem nos rios e mananciais que emergem do interior do monte Tláloc.[14] O termo náhuatl *ahuaque* significa "dono da água".[15] Tláloc (uma montanha e um deus) fornece água através da chuva e dos mananciais. Os *ahuaques* são conhecidos como ajudantes ou filhos de Tláloc. Trabalham para criar nuvens e chuva e, portanto, são essenciais para a agricultura e a vida humana nos povoados serranos que existem na superfície terrestre.[16] Em troca, os *ahuaques* recebem ou tomam certas essências e espíritos humanos dos povoados serranos. Quando o milho dos *ahuaques* se acaba e precisam de mais, eles jogam seus últimos grãos de milho das nuvens sobre as *milpas* (campos de cultivo de milho) dos povoados para tomar a essência do milho para seu próprio uso. Os seres humanos experimentam isto como uma tempestade de

---

[14] David Lorente y Fernández, *La Razzia Cósmica: Una Concepción Nahua Sobre el Clima. Deidades del Agua y Graniceros en la Sierra de Texcoco*. México, D.F., CIESAS/Universidad Iberoamericana, 2011.
[15] Ibidem, p. 105.
[16] Ibidem, p. 123.

granizo que destrói sua colheita.[17] Além disso, os *ahuaques* usam raios ou certos tipos de enfermidades associadas à água para obter espíritos humanos. Assim, matam o corpo terreno e tomam o espírito, que logo se transforma em *ahuaque*.[18] De fato, as pessoas dos povoados dizem que os *ahuaques* são humanos, já que são espíritos humanos e também porque vivem uma vida social paralela à da superfície da terra.[19] Em geral, os *ahuaques* tomam espíritos humanos para repor sua mão de obra, mas *ahuaques* sem cônjuge também podem tomar os espíritos como esposo ou esposa. Assim, enquanto os *ahuaques* são essenciais para a vida terrena, também são uma ameaça, pois tomam colheitas e pessoas. Enquanto a colheita e o corpo humano que tomam são destruídos no sentido terreno-material, continuam existindo no mundo subaquático dentro da montanha.

Se, por um lado, os *ahuaques* obtêm espíritos humanos através de meios violentos como enfermidades e raios, também podem obtê-los através da incitação ou da sedução. Às vezes os seres humanos encontram um *ahuaque* quando se aproximam dos mananciais nas margens do povoado. Ainda que os *ahuaques* só meçam aproximadamente vinte centímetros de altura, as pessoas dos povoados os descrevem como bonitos/bonitas e bem vestidos já que usam a indumentária de fazendeiros ricos.[20] Em um momento de fraqueza, a atratividade dos *ahuaques* pode incitar um espírito humano a entrar na água e,

---

[17] Ibidem, p. 110.
[18] Ibidem, p. 112-113.
[19] Ibidem, p. 97.
[20] Ibidem, p. 105.

neste momento, o *ahuaque* captura seu espírito. Logo, sair dali se torna difícil. Seja o caso de espíritos tomados de forma violenta ou dos que são incitados e capturados no manancial, é possível que os *ahuaques* capturem o espírito sem que o corpo humano morra completamente. Nestes casos o corpo adoece de forma peculiar. Permanece deitado, sem se mover, sem falar nem interagir, já que o corpo está sem seu espírito, que é a faceta social da pessoa.[21] O espírito entrou no mundo alternativo dos *ahuaques*, onde ele ou ela estabelece relações de intercâmbio com outros *ahuaques*, baseadas em ajuda mútua, parentesco e aliança como as que existem na superfície da terra. Assim, as vítimas (ou seus corpos humanos) se recusam a comer pois já estão recebendo comida de seu esposo/esposa entre os *ahuaques*.

Há um período em que a transformação ou a transferência é reversível. Durante esse período um curandeiro humano, conhecido como *granicero* ou *tesiftero*, que tem a habilidade de se comunicar com os *ahuaques*, tenta incitar o espírito da pessoa a regressar. Ao mesmo tempo, os *ahuaques* tentam incitar sua permanência. Se o curandeiro não tem êxito, o espírito fica com os *ahuaques* e o corpo acaba por morrer. Esse momento de decisão sugere que o espírito não é necessariamente infeliz com sua nova situação e, enquanto o corpo humano e a família terrena sofrem a perda, não parece que o espírito sofre. O espírito tem de trabalhar no mundo subaquático, mas esse trabalho não é percebido como exploração, já que é considerado voluntário

---

[21] Ibidem, p. 155.

e gratificante e faz parte dos intercâmbios sociais tal como nos povoados terrenos.

Lorente faz sua própria extrapolação em relação ao passado, sugerindo que o sacrifício pré-colombiano de crianças a Tláloc teve a mesma intenção de fornecer ajudantes a Tláloc.[22] Ele nota que às vezes se referem aos *ahuaques* como crianças, seguramente fazendo referência ao seu reduzido tamanho, mas também a seu papel como ajudantes de Tláloc, que é muito similar ao papel das crianças humanas quando ajudam seus pais. Isso implicaria que o chamado sacrifício de crianças na época pré--hispânica não era questão de destruir uma pessoa (um objeto de desejo) para gosto de uma divindade sedenta de sangue, mas, sim, de transferir ajudantes (sujeitos) a outro âmbito ontológico. A falta de chuva que provocava essas práticas não teria sido, então, reflexo da irritação da divindade, mas de falta de ajudantes, de mão de obra. Possivelmente a destruição do corpo humano nos casos de imolações deliberadas ocorreu com intenção de assegurar a permanência da transferência. É preciso recordar que isso não é uma escassez de mão de obra como a capitalista, que resulta no deslocamento e no tratamento de trabalhadores como se fossem objetos. Em contraste, esse tipo de transferência requer um estado subjetivo de vontade, se não inicialmente, ao menos no fim das contas, quando o espírito decide ficar.

Danièle Dehouve também conta um exemplo de sacrifício contemporâneo como uma espécie de transferência

---

[22] Ibidem.

ontológica de ajudantes entre os Tlapanecos, um grupo indígena do estado mexicano de Guerrero.[23] Quando um novo oficial de justiça toma seu posto, sacrifica um jovem gato macho e logo o enterra, em postura sentada, em frente à porta de seu escritório. O novo comandante de polícia faz o mesmo com um cachorro. Nos dois casos, esses predadores domesticados constituem dádivas para a terra e seus poderes, mas, ao mesmo tempo, são poderes por si mesmos, já que vigiam e protegem o oficial de justiça ou o comandante durante o tempo que ocuparem os postos.

Também existem indícios sobre a imolação humana pré-colombiana que sugerem que essa prática tinha o fim de fornecer ajudantes aos deuses. No México central, por exemplo, a carne e o sangue da vítima sacrificada eram destinados ao consumo da terra. Enquanto isso, as essências ou entidades animadas do morto eram dispersas por vários lugares diferentes. Um deles, a *teyolía*, localizada no coração, ia a diferentes lugares dependendo do tipo de morte.[24] Por exemplo, no caso dos guerreiros mortos em batalha ou sacrificados depois de serem prisioneiros de guerra, a *teyolía* se unia à divindade do sol, Tonatiuh, e lhe servia como guerreiro imortal.[25]

Baseando-me nesses exemplos, contemporâneos e históricos, quero sugerir que a prática pré-colombiana

---

[23] Danièle Dehouve, "La Polisemia del Sacrificio Tlapaneco". In: L. López Luján y G. Olivier (org.), *El Sacrificio Humano en la Tradición Religiosa Mesoamericana*. México, D.F., INAH/UNAM, 2010, p. 499-518.
[24] Eduardo Matos Moctezuma, *La Muerte entre los Mexicas*. México, D.F., Tusquets Editores, 2010, p. 137.
[25] John M. Ingham, "Human Sacrifice at Tenochtitlan". *Comparative Studies in Society and History*, v. 26, n. 3, 1984, p. 391.

mesoamericana de sacrificar humanos foi, sem dúvida, violenta, provavelmente dolorosa e realmente um sacrifício para os humanos que perderam um ajudante. Mas que não era voltada para a destruição ou para a morte, posto que só o corpo humano morria, enquanto o espírito ou a alma da pessoa continuava vivendo em outro âmbito ontológico. Diferentemente do Deus judaico-cristão, que é todo-poderoso e tem de ser apaziguado por meio de oferendas, incluindo sacrifícios, os deuses mesoamericanos têm uma relação de interdependência com os seres humanos e necessitam de sua ajuda e de seu trabalho. Neste sentido, a prática pré-hispânica mesoamericana de matar o corpo humano de uma pessoa para transferir seu espírito a outro âmbito ontológico não é realmente um sacrifício, no sentido literal. A falta, nesse caso, não é a de um bode expiatório para pôr fim ao conflito causado pela mímesis. Diferente disso, essa prática poderia ser descrita como um ato explícito de mímesis entre divindade e pessoa na qual a primeira cria na segunda o desejo de trabalharem juntos. Vemos que o enfoque nessas práticas não provém da concorrência por um objeto de desejo, mas sim na colaboração, na criação de um sujeito que deseje agir e que pode agir sobre este desejo em outro âmbito ontológico.

Conclusão

Imagino que o que aqui propus – que as culturas indígenas mesoamericanas acolhem a mímesis e não a vivem como concorrência e conflito – há de soar algo romântico ou idealista. No entanto, devo esclarecer que não estou alegando que as culturas indígenas mesoamericanas estejam livres de conflito e de violência; apenas que não sofrem um conflito gerado pela negação da mímesis como ocorre na cultura ocidental moderna. Sem dúvida, as culturas indígenas experimentam seus próprios conflitos e desafios. Por exemplo, parecem ser vulneráveis a terríveis episódios de violência quando parte de uma comunidade rompe com as práticas locais e começa a agir de maneira individualista e a acumular propriedade e poder.[26] Possivelmente, é a falta nessas comunidades de instituições sociais para apaziguar a concorrência e o conflito produzidos pela mímesis negada que resulta em episódios de violência tão severos. Além disso, é preciso mencionar as complicações e os desafios particulares que surgem em uma cultura que vive a mímesis como sua verdade. Viver a mímesis dessa maneira é um reflexo de um mundo social no qual todos os seres vivos, incluindo os humanos, os mortos, os deuses, certos animais, as plantas e as coisas (morros, rochas, água, a terra) estão estreitamente interconectados. Esta interconexão implica que cada ação e cada estado subjetivo pode ter efeitos nos ânimos e nas ações de outros seres. Assim, longe do mundo de supostas liberdades que se vive no Ocidente moderno, é necessário se aproximar da vida com bastante autocontrole, cuidado e precisão para evitar o perigo de provocar atitudes e ações potencialmente perigosas para outros. Expus exemplos disso, quando mencionei o trabalho tão delicado do mordomo ao atuar com gosto e de forma bem educada se deseja motivar a participação das outras pessoas do povoado e se quer evitar a ira do

---

[26] Cf. Taggart, op. cit.

santo. Poderíamos perguntar se as liberdades individuais de que desfrutamos, e a negação da mímesis e das conexões sociais que implicam, não são em parte responsáveis pela destruição que a cultura moderna ocidental impôs à humanidade e ao meio ambiente. Talvez nos sirva como valiosa lição o reconhecimento das interconexões e a precaução ao agir que podem ser observadas nas culturas indígenas mesoamericanas. Sem implicar que essas culturas representem um ideal, gostaria de sugerir que elas oferecem possíveis alternativas à negação da mímesis, e ao individualismo, à concorrência e ao conflito que tal negação provoca e que atualmente são determinantes na forma assumida pela vida social na América Latina e na maior parte do mundo.

capítulo 9
do corpo ayuujk ao corpo indígena.
Mímesis, alteridade e sacrifício na Sierra Mixe

Emiliano Zolla Márquez

O presente texto é resultado de uma comunicação apresentada durante o colóquio "La Interdividualidad Colectiva: sobre las Paradojas de la Invisibilización del Otro", organizado pelo Departamento de Ciências Religiosas de la Universidad Iberoamericana por ocasião do lançamento do livro ¿*Culturas Shakespearianas? Teoría Mimética y América Latina*, de João Cezar de Castro Rocha. No momento do evento, confessei aos meus anfitriões a surpresa em ter sido convidado, porque não era um especialista em Girard, e meu trabalho antropológico e etnográfico tampouco abordara o problema da invisibilização: pelo contrário, minha tarefa havia consistido principalmente do oposto, ou seja, em tornar outros visíveis, em mostrar pessoas e coisas que, por sua relativa distância da ordem, da geografia e das línguas dominantes, permanecem ocultos, ignorados ou marginalizados. No entanto, à medida que preparava o escrito que apresentaria, fui descobrindo e me entusiasmando com as possibilidades analíticas e heurísticas da proposta girardiana.

A antropologia em que creio e a que gosto de praticar é, em grande medida, uma antropologia da revelação. A etnografia a que me filio se esforça para mostrar coisas longínquas, para aproximar outras terras e outras gentes de nossa cultura. É uma forma de etnografia que deve muito à cultura da viagem e dos viajantes, ainda que essa comparação costume desagradar a nós, antropólogos, pois insistimos em que a etnografia é muito mais que a crônica de viagem e nos incomoda a ideia de que nosso trabalho possa ter algum parentesco com a exploração colonial ou com alguma forma de turismo.

A antropologia que gosta de mostrar coisas aos outros peca às vezes por exotismo e tende à literatura, pois para conseguir fazer a revelação a que se propõe, precisa agir um pouco como os mercadores venezianos, que além de sedas, tintas e porcelanas do Oriente, também vendiam um relato sobre outras culturas e outros povos, o qual devia obrigatoriamente ser atraente e persuasivo.

É claro, uma antropologia preocupada com o visível dedica pouco tempo a pensar na invisibilidade. Certa vocação irremediavelmente empirista faz com que subestimemos a questão com mais frequência do que se deve e, pior ainda, esse é um estilo antropológico que, com frequência, esquece que tornar algo visível implica impor certa força sobre aqueles que não pediram para ser colocados sob o refletor.

Que a antropologia da revelação não seja muito consciente das consequências políticas de sua epistemologia de nenhuma maneira deveria levar a renunciar a uma atividade dedicada majoritariamente a mostrar os outros e torná-los visíveis – ao menos aos nossos olhos. Tampouco seria aconselhável que quem busca iluminar outros espaços e outros sujeitos termine unicamente focando na crítica a seus procedimentos revelatórios, pois isto só levaria a um monólogo meta-antropológico circular e sem substância.

Não obstante, também é verdade que ninguém deve pensar que a revelação é um ato inocente, ou que por si mesma é uma atividade justa ou redentora. Os antropólogos que conhecem a história de sua disciplina bem sabem que, por si só, a revelação do outro não constitui um ato ético e que, com relativa facilidade, o exercício antropológico pode se transformar em arma para submeter o outro a um escrutínio pelo qual não optou.

Revelar, mostrar, jogar luz sobre um assunto, convencer da necessidade de que aquilo que não é desconhecido deixe de sê-lo, bem pode ser uma forma de violência. A etnografia, essa narração que permite "devolver-nos uma imagem na qual não reconhecemos a nós mesmos", tem obrigação de ser cuidadosa e de se interrogar continuamente sobre a direção ética de seus procedimentos, pois seu retrato da alteridade bem pode terminar em sátira ou, pior ainda, em manual para identificar no outro aquilo que se quer dominar ou destruir.

Esse é o problema político que cerca, por exemplo, a obra de frei Bernardino de Sahagún – o revelador, por antonomásia – e o paradoxo que envolve a grande parte da historiografia e a crônica novo-hispana, que, em sua busca por dar conta daquilo que lhe era desconhecido e com frequência a maravilhava, terminava por iluminar o caminho para a destruição ou a dominação dessa diferença.

Talvez a única coisa que quero dizer com tudo isso – e talvez aqui me permita fazer uma sugestão aos especialistas e interessados na obra de Girard – é que, sobretudo no contexto da América Latina e especialmente em um país como o México, a mímesis deveria ser pensada sempre ao lado da alteridade. Escolher somente um dos caminhos é um ato necessariamente incompleto, que sozinho não tem como prosperar. Quem pensar na mímesis terá que buscar ajuda naqueles que pensam a alteridade e vice-versa, pois a construção do sentido em uma ou outra direção só é possível recorrendo-se à ajuda de seu gêmeo simétrico e oposto.

É claro, este trânsito duplo entre mímesis e alteridade evoca problemas que não se resolvem pela mera tentativa de encontrar a moderação e o justo meio. A persistência da discussão na América Latina e no México sobre identidade e diferença, a constante busca por uma linguagem precisa para falar sobre a circulação entre culturas, epistemologias e ontologias, os debates sobre aculturações, transculturações e mutações de todo gênero e grau, fazem com que qualquer menção ao problema da mímesis e da alteridade signifique penetrar em um terreno difícil que alcança todos os cantos da realidade e cada quebra do pensamento.

Amiúde se pensa que a relação entre mímesis e alteridade é sobretudo um problema da filosofia latino-americana, um dilema de sua literatura ou uma tensão de sua poética. Não obstante, se, como afirma João Cezar de Castro Rocha, existe uma vocação shakespeariana nas culturas da América Latina, se efetivamente uma tensão central da experiência histórica dessa parte do mundo está ligada ao problema da imitação, então ela deve estar localizada além dos textos, nos espaços em que a cultura escrita não predomina e nos territórios latino-americanos, onde o espanhol e o português não são as línguas dominantes, e, portanto, a imaginação das culturas nacionais da região não aparece como um elemento hegemônico.

O destaque dado à tradição escrita, à historiografia e à literatura dos dilemas modernos, que no caso mexicano abarca uma ampla linha que se estende pelo menos desde Clavijero e chega talvez até Roger Bartra (Bartra, 1999; 2002), peca – ao menos para o gosto de um etnógrafo – por depender demais da historiografia e da literatura em espanhol, a qual às vezes impede que se veja a diversidade de formas da relação entre mímesis e alteridade em espaços nos quais não predominam os textos nem a tradição escrita.

Dito isso, permitam-me dar um exemplo de como essa vocação mimética se expressou no que hoje identificamos como uma região indígena do estado mexicano de Oaxaca, pois creio que é suscetível de ser lido em chave girardiana, na medida em que aparecem repetidamente temas fundamentais como a mímesis e o sacrifício.

Especificamente, meu interesse consiste em mostrar como, nos fins dos anos 1930 do século XX, na Sierra Mixe de Oaxaca, terra dos povos ayuujk'jäy ou mixes,[1]

---

[1] Ao longo do texto utilizo de maneira indistinta os termos *ayuujk'jäy*, *ayuujk* ou *mixe*. O primeiro termo é o etnônimo utilizado pelos moradores dos povoados da Sierra Mixe; o segundo se usa para referir-se à

se constituem uma imagem e uma prática do indígena à qual bem poderíamos considerar uma forma mimética extrema e violenta, que imitava o modelo de nação étnica e culturalmente homogênea predicada pelo estado pós-revolucionário mexicano nascente.

Uma olhada no relativamente pequeno corpus etnográfico sobre a Sierra Mixe advertirá que esta região é geralmente caracterizada em termos de uma clássica região de refúgio. Numerosos etnógrafos (Beals, 1948; Nahmad, 1965; Kuroda, 1993) a descreveram como uma área remota e isolada, com uma população etnicamente homogênea, materialmente pobre, dominada por costumes políticos e religiosos, encerrada em si mesma e unificada ao redor de uma cultura, uma língua, um território e uma identidade política comum.

Esta forma clássica de relato etnográfico costuma afirmar que a combinação do isolamento com a potência da tradição permitiu aos mixes conservar uma série de traços arquetípicos da cultura mesoamericana, entre os quais se destaca uma prática calendárica baseada em ciclos de 260 e 365 dias, uma ritualidade sacrificial, uma cosmologia baseada na agricultura do milho e, mais recentemente, se destacou seu provável parentesco linguístico e cultural com as sociedades mais antigas da costa do Golfo do México. De acordo com a imaginação antropológica indigenista, estes traços fariam dos povos mixes guardiões de uma forma imemorial e *quase* essencial do indígena.

língua, mas pode se estender ao conjunto de povoados; o terceiro é o nome dado pelos *agääts* ou não mixes para se referir aos habitantes desta região oaxaquenha.

No entanto, esta imagem dos ayuujk como indígenas arquetípicos é, na realidade, uma invenção relativamente recente que, ainda que em parte seja atribuível aos antropólogos, é, sobretudo, resultado de um processo que se deu entre os povos mixes.

Nas primeiras três décadas do século XX, uma geração de líderes militares e civis, em aliança com o regime pós--revolucionário e sob a influência da nascente cultura do nacionalismo e do indigenismo mexicano, conduziu um experimento político que consistiu em transformar a Sierra em uma mímesis do estado mexicano nascente e seus habitantes, os ayuujk, em indígenas modelados nos cânones desta incipiente cultura revolucionária.

Uma exposição detalhada deste processo ultrapassaria o alcance deste texto, mas tentarei descrever em termos gerais como dois grandes caciques tentaram fazer da Sierra uma versão em menor escala do novo estado, alterando o curso da política local baseada em relações (algumas vezes pacíficas, outras conflituosas) entre povos autônomos, para substituí-la por um modelo altamente centralizado e autoritário.

A primeira figura que dominou o panorama da Sierra nos começos do século XX foi a do coronel Daniel Martínez, velho caudilho militar do povoado de San Pedro y San Pablo Ayutla – a comunidade mais próxima à Cidade de Oaxaca e ponto de entrada para o território dos ayuujk. Daniel Martínez, como tantos outros "homens fortes" da época (Knight e Pansters, 2005), agiu como intermediário entre o novo estado e uma população camponesa relativamente indiferente à política nacional. Com o apoio das elites políticas oaxaquenhas e de uma força militar própria que agia sob o eufemístico nome de "defesa social" (Smith, 2009), Daniel Martínez construiu estradas, interveio nas disputas por terras e limites entre povoados e impôs autoridades agregadas sob seu comando nas comunidades vizinhas a Ayutla. No entanto, a contribuição mais significativa de Daniel Martínez foi a introdução da escola rural e das missões culturais criadas por José Vasconcelos. A escola logo se transformou no principal meio de interiorização e reprodução do modelo de sujeito camponês e mestiço imaginado pelo estado. Na Sierra, a sala de aula constituiu-se no espaço privilegiado para disciplinar o corpo individual e coletivo, por meio da imposição de um discurso que constantemente enfatizava o pertencimento dos mixes a uma raça indígena cujo passado glorioso era exaltado, na mesma medida em que sua existência atual era tida como um obstáculo para a integração da nação.

Convertido em prática política, o vasconcelismo aplicado por Daniel Martínez se concentrou em desterrar os mecanismos de reprodução cultural mixe, atacando as diversas variantes da língua local, com o intuito de substituir as práticas religiosas dos povoados por uma ritualidade secular que, sustentada em um jacobinismo modernista, perseguia tudo aquilo que qualificava como superstição ou crença vazia. A transformação impulsionada pelo coronel não era puramente ideológica ou simbólica, mas um processo que procurava deixar a sua marca sobre os corpos e as consciências. Assim, por exemplo, falar em mixe na sala de aula era penalizado com multas, castigos físicos, humilhações públicas e repreensões aos pais que desafiavam a autoridade do professor ou do cacique.

Ao mesmo tempo, Martínez buscava impor uma forma de organização política que era radicalmente distinta e oposta ao modo de organização descentralizado e relativamente horizontal que prevalecia entre os povos mixes desde pelo menos o século XIX. Imitando o percurso da política nacional, Martínez buscou criar uma elite governante permanente e estável, dependente de sua autoridade e que combinava a política armada com uma prática social reformista. Após quase vinte anos como a figura dominante da Sierra, Martínez começou a sonhar com a possibilidade de expandir seu domínio à totalidade da região. Imaginava que, apelando para uma figura burocrática oaxaquenha conhecida como Distrito político, seria capaz de controlar todos os povoados mixes que, até então, se encontravam submetidos a outras jurisdições distritais.

A criação do chamado Distrito Mixe não foi apenas um ato burocrático ou uma estratégia astuta para obter poder; foi também um meio para levar a cabo a mímesis com o Estado. Com a imitação da crescente centralização do regime pós-revolucionário, buscava-se criar uma nova nação, um novo povoado e um novo sujeito na Sierra. Através do Distrito, os caciques tentaram pôr em marcha uma forma teleológica de história, a qual imaginavam como uma cadeia de eventos que permitiria transformar os descentralizados ayuujk em indígenas mexicanos que, por sua vez, se transmutariam nos mestiços universais do vasconcelismo.

No entanto, o velho coronel não chegaria a consumar o sonho de estabelecer um miniestado étnico na Sierra. A consolidação do Distrito Mixe caberia ao seu rival mais encarnecido, Luis Rodríguez de Zacatepec, um cacique mais jovem, violento, formado como professor rural e, não por acaso, poderosamente influenciado pelo conteúdo racial do primeiro indigenismo.

Até meados da década de 1930, impulsionado pelo cardenismo que buscava atenuar a influência dos líderes militares, Luis Rodríguez lançou algo que poderíamos qualificar de "ofensiva cultural e militar" contra Daniel Martínez. O professor e cacique tentava se transformar no único interlocutor com o Estado e – com isso – conseguir que oficialmente se criasse o Distrito Mixe com a capital em seu povoado natal, Santiago Zacatepec.

Para abrir passagem nessa luta política, Rodríguez misturou a violência da escola com a violência dos pistoleiros. E mais, com frequência, professores e pistoleiros eram os mesmos. A violência exercida por Rodríguez sobre os povoados nunca parecia ser gratuita: pelo contrário, o cacique insistia na justificativa ideológica dos atos violentos ou, pelo menos, tentava enquadrá-los em uma trama de conceitos, imagens e discursos que buscavam legitimar castigos, saques, violações ou assassinatos. Ao longo de sua história, Rodríguez buscou conferir à sua violência um halo didático ou professoral. Mais que isso, o cacique de Zacatepec tentava apresentar o seu regime como um ato necessário e até mesmo purificador, e como condição imprescindível para alcançar a ansiada unidade territorial e racial da fantasia indigenista.

Para mostrar como se construiu essa violência purificadora e sacrificial, é necessário narrar um fato consignado à tradição oral de Santiago Zacatepec e da diáspora mixe.

A ocorrência em questão é mencionada pelas mulheres idosas de Zacatepec e, por vezes, pelos descendentes de zacatepecanos cujas famílias saíram do povoado durante o domínio dos caciques.

As mulheres contam como o cacique convocou uma festa em comemoração à "Raça Mixe", que se organizou seguindo um padrão similar ao das múltiplas celebrações religiosas e cívicas que continuamente se realizam nos povoados da região. Como toda festa digna desse nome, esta era conduzida pela banda filarmônica municipal – a de Zacatepec alardeava, em uma região de povoados melômanos, ser a melhor e a maior das bandas –, oferecia-se comida e bebida, e os gastos estavam a cargo de mordomos ou capitães de festa. A *calenda* (termo usado pelas pessoas do lugarejo para designar uma festa) durou vários dias e reuniu todo o Zacatepec e grande parte de seus povoados e *rancherías* vizinhas. Torneios de basquetebol, *jaripeos* [espécie de rodeio] e discursos sobre o orgulho e a raça se combinavam a imagens que exaltavam o progresso e a revolução e estas, com declamações em honra de Konk'oy (o personagem central da mito-história serrana) e as peças musicais em homenagem a Rodríguez.

Apesar da intenção de realçar o caráter laico e cívico da celebração, a festa culminaria com um sacrifício, só que, dessa vez, em vez de oferecer um peru ou uma galinha em prol do bem-estar do povo, seriam sacrificadas as blusas, saias, trançados e *tlacoyales* que formavam a veste tradicional das mulheres de Zacatepec. Em uma grande fogueira na praça principal, tocou-se fogo à roupa que as mulheres haviam cosido e bordado segundo os ensinamentos de suas mães e avós. A tradição oral registra que a queima se fez contra a vontade das mulheres, que foram obrigadas a presenciar o sacrifício sob as vistas dos pistoleiros a serviço do cacique. A partir dessa noite, em Zacatepec não se usariam mais trajes tradicionais que deixassem evidente o pertencimento a um povo indígena, mas sim as roupas dos mestiços, cujos tecidos se vendiam, é claro, em uma loja de propriedade do cacique.

A queima da vestimenta tradicional das mulheres de Zacatepec constitui, como todo sacrifício, um fato social total. Não se trata somente de eliminar a roupa que as distingue de outros povos, mas sim uma tentativa de destruição da cultura das linhagens femininas de Zacatepec. A destruição do objeto significa, neste caso, a destruição de quem o porta e o fabricou. Ao atacar um traço-chave da identidade de Zacatepec, o cacique tenta inaugurar uma nova forma de ser mixe, ao mesmo tempo que busca romper com aquilo que vê como uma forma ontológica anterior, à qual considera desprezível e que se encarna, sobretudo, nas mulheres. O ato de Rodríguez é de conquista cultural e, ao mesmo tempo, um gesto de definição, pois o que se desenha na fogueira de Zacatepec é nada menos que a figura de um bode expiatório feminino.

A nova ordem social, a ser vivida sob o tirano que goza do favor do estado, emerge a partir de assinalar as mulheres como responsáveis por manter essa condição indígena que deve ser abandonada. O fogo de Zacatepec é o momento ritual em que se separa a história: é necessário imolar – ainda que simbolicamente – as mulheres ayuujk, que, ao se vestirem de certa forma e falarem em certa língua, permitem a reprodução dessa comunidade que o cacique se impõe a transformar e levar ao futuro. Como todo ato ritual, o da fogueira tenta também ser um ato transformador: almeja que aquele que contempla o fogo saia convertido em algo diferente. Neste caso, as mulheres emergem mudas, testificando como um poder masculino dita o que devem imitar, como devem se vestir e como deve ser sua cultura.

A lista dos excessos associados à concentração de poder de Luis Rodríguez é grande e continuou até os anos 1960, quando seu poder começou a minguar, acossado por outros caciques desejosos de substituir o velho líder, mas, também, por movimentos que procuravam acabar com a violenta centralização trazida pela ordem pós-revolucionária. Poderíamos nos estender e olhar em detalhes como ele submeteu pela força os moradores deste e daquele povoado, como construiu um poder econômico extrativo que controlava os mercados de mezcal, café e madeira, a forma pela qual se apropriou do *tequio,* ou trabalho coletivo, para convertê-lo em fonte de tributos (Arrioja, 2009). Poderíamos também nos estender falando dos meios que usou para expulsar e aniquilar opositores, purgar os aliados de que suspeitava e de como impôs o terror e o medo em toda a Sierra. No entanto, creio que a queima das roupas proporciona uma imagem precisa de como sob o domínio do grande cacique, os povos ayuujk viram surgir o estado centralizado e conheceram a violência do poder superconcentrado.

Luis Rodríguez obrigou os ayuujk a se olhar no espelho militarista da nação pós-revolucionária e o reflexo devolveu uma imagem de guerra e violência. O domínio dos caciques impôs aos ayuujk uma obrigação mimética, forçando-os a imitar continuamente o Estado e a interiorizar as diversas formas de sua violência. Os mixes foram obrigados a olhar para essa revolução que se institucionalizava e a copiar seus costumes, adotar seus lemas, levantar seus cartazes, repetir seus discursos.

Os ayuujk que o desafiavam, rechaçavam o estado ou que tratavam de ignorá-lo e de evadir seu controle enfrentaram constantemente a repressão e a morte. A resistência ao mimetismo estatal se pagou (e ainda se paga) muito caro na Sierra Mixe. Apesar do medo, os mixes conseguiram resistir ao estado e, até certo ponto, conseguiram neutralizar sua operação e retardar seu avanço.

A forma pela qual os mixes conseguiram isso foi, precisamente, por tomarem consciência de que o estado impunha um monopólio da imitação que os ayuujk acham enfadonho e destrutivo. A cultura ayuujk tende a reconhecer a mímesis como um elemento importante e considera que ser é resultado de imitar outros e viver como outros. Simplesmente, à diferença de outros povos do México e da América Latina, sua ideia de mímesis não é monista, mas pluralista. Os mixes não rechaçam a imitação, o que rechaçam é ter um único espelho no qual se mirar. Isso talvez se deva a nunca terem sido realmente monoteístas, ainda que muitas vezes tenham jurado sê-lo, pelo menos na frente do frade dominicano ou do *Alcalde Mayor* [corregedor da coroa espanhola].

Os mixes, com sua ritualidade e metafísica imanente, estão imersos em um âmbito diverso e plural em que convivem múltiplas epistemologias e ontologias. Talvez por não serem provenientes da tradição humanista, os mixes são – até certo ponto – plurimiméticos. Na Sierra, os princípios de imitação estão multiplicados e por isso a realidade tende à diversidade e não ao homogêneo. Unidade e homogeneidade – seja ela linguística, cultural, política ou religiosa – não são reconhecidas como virtudes, e sim como fonte de problemas e violência. Mais do que isso, os mixes nem sequer consideram que a realidade seja constante e unificada; pelo contrário, seu mundo é dotado de diferentes espaços e tempos, nos quais se estabelecem relações imitativas e recíprocas com seres humanos e não humanos, entidades espirituais e diversas forças que governam os diferentes aspectos do cosmos (Zolla, 2013). No mundo mixe há, por exemplo, relações estáveis com antepassados mortos, com animais com os quais se compartilha o milho e os alimentos surgidos de um processo compartilhado entre a terra e suas criaturas (Zolla, 2010). Os mixes compartilham, inclusive, um parentesco com a serpente, e há quem considere que toda pessoa é simultaneamente outro ser, amiúde um animal, mas também um raio ou um trovão (Lipp, 1991).

Esta condição plurimimética não supõe somente uma peculiar condição ontológica, mas se expressa no terreno do político. Poderíamos dizer – e isto é ensinamento da etnografia melanésia e amazônica – que uma sociedade plurimimética é radicalmente distinta e talvez essencialmente oposta a uma cujo modelo mimético é monista. Até certo ponto, isto é o que René Girard ignorou ao formular sua muito sofisticada e sedutora armação teórica. Girard e o pensamento girardiano nem sempre foram capazes de apreciar a multiplicidade da mímesis, em parte por sua proximidade com o estruturalismo e pelo estreito parentesco com Lévi-Strauss. No entanto, talvez devêssemos prestar mais atenção a uma visão pluralista da imitação, pois isso talvez permitiria à cultura latino-americana se libertar dessa forma trágica e algo fatalista que surge quando se toma consciência de que sua existência não é – nem nunca poderá ser – autônoma, mas sim um produto da imitação de outros.

Bibliografia

Arrioja Díaz, Luis Alberto. *Entre la Horca y el Cuchillo: la Correspondencia de un Cacique Oaxaqueño*. México, D.F.: UAM-Azcapotzalco, 2009.

Beals, Ralph. *Ethnology of the Western Mixe*. Nova York: Cooper Square Publishers, 1948.

Castro Rocha, João Cezar de. *¿Culturas Shakespearianas? Teoría Mimética y América Latina*. México, D.F.: Universidad Iberoamericana/ITESO, 2014.

Kuroda, Etsuko. *Bajo el Zempoaltépetl: la Sociedad Mixe de las Tierras Altas y sus Rituales*. Oaxaca: Instituto Oaxaqueño de las Culturas, 1993.

Lipp, Frank. *The Mixe of Oaxaca: Religion, Ritual and Healing*. Austin: University of Texas Press, 1991.

Nahmad, Salomón. *Los Mixes*. México, D.F.: Instituto Nacional Indigenista, 1965.

Smith, Benjamin T. *Pistolero and Popular Movements: The Politics of State Formation in Postrevolutionary Oaxaca*. Lincoln: University of Nebraska Press, 2009.

Zolla Márquez, Emiliano. "Templos Portátiles: los Rituales de los Ancestros y la Naturaleza del Poder Político entre los Mixes de Oaxaca". In: Martínez, Ramón Pérez e González Varela, Sergio (orgs.). *Poder y Alteridad: Perspectivas Desde la Antropología, la Literatura y la Historia*. Vigo: Editorial Academia del Humanismo, 2013.

Zolla Márquez, Emiliano. *Territorial Practices: An Anthropology of Geographic Orders and Imaginations in the Sierra Mixe*. London: University College London, 2010. (Tese de doutorado inédita)

capítulo 10
Al Andalus no exílio: andanças de mouriscos e marranos
Silvana Rabinovich

Desejo refletir em voz alta sobre um paradoxo ostensivo da invisibilização social do outro que ocorre hoje (e há algumas décadas) na terra de Palestina-Israel (cartografia por excelência do desejo mimético). Problematizaremos a noção de *exílio*: seria o exílio *Al Andalus/Sefarad* de onde foram expulsos nos estertores do século XV, ou será ele a terra prometida a Abraão/Ibrahim, objeto de desejo em disputa? "Mouriscos" e "marranos" são nomes de exílio, maneira cristã de designar (que é outra forma de "mostrar para ocultar") ora o muçulmano, ora o judeu. Chamaremos "andanças" às vicissitudes que sobrevieram às vítimas de atos de expulsão e deportação.

Em ato heterônomo, que dá prevalência à escuta em vez de à palavra proferida, e porque a poesia é radicalmente oral, principiemos por conceder a palavra ao poeta no exílio:

1. Na última noite nesta terra[1]

Na última noite nesta terra, arrancamos
os dias
das pequenas árvores, e contamos as
costelas que levaremos junto
e àquelas que deixaremos aqui, na
última noite
não diremos adeus, não teremos tempo
para acabar.
Tudo ficará como está, já que o lugar
trocará os nossos sonhos
e trocará os nossos hóspedes. De uma hora
para outra, não saberemos mais brincar
porque o lugar estará pronto para receber a poeira... Aqui, na última noite,
contemplamos as montanhas rodeadas
de nuvens: a conquista... a reconquista
o tempo antigo a entregar ao tempo
novo as chaves dos portões.
Entrem, senhores conquistadores, entrem
nas nossas casas, bebam do vinho
das nossas doces "muachahat". Seremos
a noite e, finda a meia-noite,
já não haverá mais auroras levadas
em dorso de cavalo, ouvido o último
muezim.

[1] Mahmud Darwish, María Luisa Prieto (trad.), 1992. Consultado em 5 de outubro de 2015. Disponível em: www.poesiaarabe.com/la_ultima_noche.htm. Tradução para o português de Michel Sleiman e Safa Jubran. Consultado em 19 de abril de 2015. Disponível em: http://www.revistazunai.com/editorial/23 ed_mahmouddarwish.htm.

O nosso chá é verde, é quente, bebam, o
amendoim é fresco, comam,
as camas são verdes, a madeira é de
cedro, entreguem-se ao sono
depois de tão longo cerco, durmam nas
plumas dos nossos sonhos,
os lençóis estão estendidos, os perfumes
esperam por vocês à porta. Há muitos
espelhos, entrem, nós vamos sair de
vez, e vamos depois procurar saber
como era a nossa história frente à história de vocês na longínqua terra,
vamos nos perguntar por fim: onde era
o Alandalus
aqui ou lá? nesta terra ou no poema?

Frequentemente, a historiografia se confunde em suas invenções positivistas e é necessário escutar o poeta (que canta na língua dos vencidos) para *saber*... Comecemos pelo final: "*onde era o Alandalus / aqui ou lá? nesta terra ou no poema?*" Topônimo de uma convivência plural, do passado de uma tradução cotidiana que hoje parece inalcançável, talvez pudéssemos dizer que a célebre escola de tradutores de Toledo permanece como Al Andalus "no poema".

Para os judeus, geograficamente Sefarad era o exílio (ao menos, o poeta medieval Yehudah Halevi sente saudade da terra prometida nesse "extremo do Ocidente"). No entanto, ao serem expulsos dela pelos reis católicos, alguns judeus (os que formaram o círculo de Isaac Luria) se definiram em Safed como exilados. Por acaso o exílio é o oposto da posse de algum território? O Livro o esclarece em Levítico 25:23, somos estrangeiros, nunca proprietários... Segundo a doutrina luriânica, o ato de criação se produziu em um movimento de contração (*tsimtsúm*) do criador. Porque Deus não faz parte do mundo criado, ao modo de uma parturiente, se contrai e dá à luz a *outro*, diferente d'Ele. Mas a força de sua luz criadora se fez incontida, os recipientes destinados a abrigá-la se partiram, o mal se confundiu com o bem e Adão, no ato de desobediência, não só foi expulso do Éden mas também deixou a divindade no exílio. Para a cabala luriânica, então, o exílio nada tem a ver com uma questão política e territorial, mas sim moral, teológica e também existencial. Tanto o ser humano como Deus moram no exílio.

Em 1492, os reis católicos não só iniciaram o *encobrimento do outro*[2] em nosso continente mas também se dedicaram a "limpar" seu reino de mouros e judeus, assim como de "mouriscos" e "marranos" (dito, em termos bíblicos, *apagar a memória* de Al Andalus-Sefarad *da face da terra*). Mas, como bem sabemos, felizmente a obstinada memória não se apaga por decreto; ela pode se esconder e esperar pacientemente o momento propício para ressurgir. E como os poetas são seres de grande memória e sensibilidade, sabem percebê-la e invocá-la para que jogue luz sobre as obscuridades do presente. É este o caso da poesia do muçulmano Mahmud Darwish que evocamos anteriormente.

---

[2] Rendo homenagem, com essa expressão, ao livro de Enrique Dussel, *El Encubrimiento del Indio: 1492. Hacia el Origen del Mito de la Modernidad*. México, D.F., Editorial Cambio XXI y Colegio Nacional de Ciencias Políticas y Administración Pública, 1994.

O poema faz um itinerário cuidadoso pelas sendas da mímesis e da perplexidade, pelo paradoxo do desejo mimético impossível de se regular, que ameaça destruir o objeto de desejo. "Entrem, nós vamos sair de vez?" É possível entrar? E mais ainda: *sair* de vez? Desde 1948 (e desde antes disso) ambas as impossibilidades não deixam de se demonstrar... Fazia alguns anos, os exilados que fugiam da perseguição e da aniquilação nazista na Europa começaram a desembarcar, com cada vez mais assiduidade, na *terra santa* (na versão terrestre de sua Jerusalém celestial secularizada) que estava em preocupante maioria habitada (e resguardada) por uma população muçulmana. E com afinco e demonstrações de violência, atribuíram-se a tarefa de cumprir a vontade dos reis que os haviam expulsado quatro séculos antes e também a dos cruzados, isto é, a de desterrar os mouros... A cartografia se transtorna, exibindo suas vergonhas sob o signo de um número brutal de "campos de refugiados", nos quais serão amontoados 90% da população autóctone palestina.[3] O *resto* – acentuando o sentido que este termo tem no discurso dos profetas – se aferra e permanece em um status precário de "cidadão de segunda classe" que em outro texto denominei "exílio domiciliar".[4] O desejo fervoroso dos cruzados continua sem se cumprir: é impossível apagar os mouros da face da terra. Talvez também por essa razão o poeta diga: "não teremos tempo para acabar".

---

[3] Essa cifra se inicia, segundo a UNRWA, a partir de 1946. Antes de 1950 foram abertos 29 campos de refugiados (em Gaza, na Cisjordânia, na Jordânia e na Síria). Hoje em dia, 58 campos abrigam a terça parte dos refugiados do mundo, que chega a mais de cinco milhões... A cifra com que se iniciou a *naqba* palestina era de cerca de 750.000 desterrados.
[4] Artigo em avaliação do conselho editorial. "Exilio Domiciliario: Avatares de un Destierro Diferente", publicado na revista *Athenea* digital.

Assim soa a amarga ironia sobre a geografia mentirosa que só a poesia é capaz de nos resgatar: "e vamos depois procurar saber / como era a nossa história frente à história de vocês na longínqua terra"... Por isso, na descrição do lar querido (antes de ser – impossivelmente – abandonado) "Há muitos espelhos". As paredes das casas despojadas têm memória e refletem em seus espelhos a injustiça da espoliação.

O paradoxo da invisibilização é poetizada pelo "outro": "Seremos a noite e, finda a meia-noite [...]". O poema interpela o leitor hebreu (eurocêntrico e *orientalista*, no sentido de Said): nesta meia-noite de que você foge, ali onde você crê que irá encontrar a luz, o espelho devolverá a você o núcleo da escuridão. O *outro* (que é o árabe: muçulmano, cristão ou inclusive judeu), invisibilizado e por isso impossível de ocultar, assediará a sua imagem no espelho. Ainda que você tente fagocitar seus costumes: seus alimentos, suas músicas e suas danças, carimbando-as com o escudo nacional, será inútil que você decida arrancar sua língua materna para jogá-la no baú das línguas do inimigo. Você se esquece de que *O Guia dos Perplexos,* escrito por um dos judeus mais sábios da história andaluz, foi concebido e redigido ontem na língua do inimigo de hoje? A memória de *Sefarad* é uma fonte inesgotável de nostalgia (e de esperança) e questiona de maneira radical o conceito territorial do exílio. Na mesma língua, o poeta da noite oferece uma luz de advertência: quem busca a "sua" história em países longínquos? Possivelmente aquele que busca repartir a terra, como o fez em 1947, para impor o modelo longínquo (europeu), de estado-nação...

É curioso que a Europa não cesse de se obstinar em expulsar seus mouros e judeus. Desde os fins do século XV os expulsa e queima na fogueira. No século das Luzes, ideou outra estratégia: a Ilustração "permitiria" aos judeus romper com sua vida comunitária e tradicional para assimilar-se às nações. Uma vez entusiasmados com a tão ansiada integração, eles haveriam de se contagiar com o desejo nacional para, um século mais tarde – sem necessidade de ser expulsos –, buscar um solo fora da Europa. Assim, seriam os próprios judeus que perseguiriam aos mouros no Oriente. Por isso, sem ironias, o poeta diz que o lugar "*estará pronto para receber a poeira*".

2. O sacrifício de Isaque/Ismael e o bode expiatório no exílio

Ecos das Escrituras: enquanto a Torá narra como Abraão foi chamado a sacrificar Isaque (Gênesis 22,1-18), o Corão (37:102-109) conta a história protagonizada por Ismael, filho de Ibrahim. Em evocação daquele costume comum na região e na época do patriarca, há pouco tempo (agosto de 2014), o prêmio Nobel da Paz Elie Wiesel (autor conhecido por sua obra sobre o holocausto judeu) publicou um anúncio no diário britânico *The Guardian* (pago pela companhia israelense This World: The Values Network) assim intitulado: "Os judeus deixaram de sacrificar crianças há 3.500 anos. Agora é a vez do Hamas".[5] Nele, recorda que o monoteísmo e a civilização ocidental se iniciam com essas narrativas, quando os descenden-

---

[5] Cf. www.algemeiner.com/wp-content/uploads/2014/08/Elle-Wiesel-Hamas-Child-Sacrifice.pdf e www.actualidad.rt.com/actualidad/view/137015-criticar-theguardian-publicar-hamas-sacrificar-ninos.

tes de Abraão deixam para trás, para sempre, as práticas cananitas de sacrifícios a Moloque. Ainda que, segundo o laureado, haja quem continue adorando a morte através do deus que consumia os jovens (nesse anúncio, se refere às acusações contra o Hamas, movimento de resistência islâmica que governa por eleições democráticas a Faixa de Gaza e que, segundo dizem alguns e a mídia difunde, em lugar de defender a vida, usa as crianças de seu povo como escudos humanos). O texto se apresenta como um chamado a "tanto árabes como judeus" (sic, como se não existissem judeus árabes...), a "todos nós, os filhos de Abraão", a devolver o sacrifício de crianças ao canto mais obscuro da história e a trabalhar em prol de um futuro mais brilhante...

Ao ignorar o duplo gume da acusação (na escalada dos extremismos girardiana,[6] estará alguém isento de amarrar os próprios filhos no altar do Monte Moriá?), o laureado escritor oferece uma amostra fidedigna de desconhecimento do próprio mecanismo... Seu suposto "chamado à paz" se mostra incapaz de se reconhecer no espelho sacrificial do culto ao mesmo e abominável Moloque.

3. Promessas do exílio

Nossa língua espanhola – sendo Toledo o berço da tradução – é uma caixa de ressonância (e de promessas) para

---

[6] Cf. René Girard, *Clausewitz en los extremos, Política, Guerra y Apocalipsis*. Buenos Aires, Katz editores, 2010. [Em edição brasileira: *Rematar Clausewitz: Além Da Guerra*. Trad. Pedro Sette-Câmara. São Paulo, É Realizações, 2011.]

deter a invisibilização assassina do Oriente ao Ocidente. Na língua espanhola, o árabe está latente em uma enorme quantidade de vocábulos. Se realizarmos o sonho dos reis católicos em nossa língua que seja, corremos um sério risco de nos submergir em um pesadelo afásico, pois da língua só restariam farrapos.

O nome Toledo recorda a convivência na tradução, o papel intermediário de nossa língua entre o mundo greco-latino de um lado e o árabe e o hebraico do outro. *Entre* Oriente e Ocidente. Em 1492, convergem o encobrimento do índio e a expulsão de mouros e judeus da Espanha. "Conquista" e "reconquista", evoca o poema: dominação e desterro, traduzimos, da outra margem. Formas distintas de invisibilização do outro que criam um estatuto sinistro de se viver exilado em casa. Moradores espectrais indígenas – habitantes originários – de nosso continente e da terra prometida transitam por seus territórios despojados de terra.[7] Assediados pelo "progresso", são invisibilizados e percebidos, aqui e lá, como um estorvo à "civilização".

O poema de Darwish guarda uma promessa que tem o nome de um lugar: *Al Andalus*. É um presente que oferece o espelho da temida – e sistematicamente ignorada – *vulnerabilidade*, cujo nome árido (histórico, político, geográfico) é "exílio". No entanto, a partir da perspectiva vulnerável, ele acumula outras conotações: no exílio, muçulmanos e judeus conviviam na tradução. Os judeus

---

[7] Assumo a definição de "território" dada por Carlos Walter Porto-Gonçalves, citado em Arturo Escobar, *Sentipensar con la Tierra*. Medelim, Unaula Ediciones, 2014, p. 91.

de então concebiam seu Deus exilado, morando em nosso mundo sob um nome feminino: a *Shekiná*. Ao evocar a desnudez do desamparo, o poema, escrito em árabe, convida ao encontro com o outro tendo consciência da vulnerabilidade (a própria e a do próximo; inclusive, a do Todo-Poderoso em sua desamparada diáspora). O poema é generoso: oferece o topônimo que engendrou aquele passado de paz. No poema, o nome de *Al Andalus-Sefarad* é a chave que nos permitirá ativar a memória da múltipla experiência de exílio que o conquistador de hoje esqueceu. Dessa vez é à língua espanhola que toca traduzir esse exílio, em todos os seus sentidos, *entre* o árabe e o hebraico.

posfácio
culturas shakespearianas: uma ideia no meio do caminho

João Cezar de Castro Rocha

Desdobramentos

Como o leitor deste livro já sabe, em outubro de 2014, no lançamento mexicano de ¿*Culturas Shakespearianas? Teoría Mimética y América Latina*, a Universidad Iberoamericana, graças à iniciativa de Carlos Mendoza-Álvarez, promoveu o colóquio internacional "La Interdividualidad Colectiva: Sobre las Paradojas de la Invisibilización Social del Otro" a fim de discutir o quadro teórico que propus naquele livro, com ênfase no conceito de *interdividualidade coletiva*, uma das contribuições que faço ao pensamento girardiano.[1] Desnecessário acrescentar a alegria e a honra que senti ao ver minhas ideias debatidas e aperfeiçoadas por colegas de diversos países.

Este breve posfácio cumpre a função de esclarecer os desdobramentos de minha pesquisa.

---

[1] O colóquio ocorreu na Cidade do México, D.F., na Universidad Iberoamericana, nos dias 9 e 10 de outubro de 2014.

O verso e o avesso

Os versos de Carlos Drummond de Andrade são sobejamente conhecidos – "No meio do caminho tinha uma pedra / Tinha uma pedra no meio do caminho".[2] E isso mesmo por aqueles que ainda desconhecem o poema, constituindo um exemplo perfeito da "popularidade mediada", tal como definida por Renato Poggioli.[3] O poeta encontra uma pedra no meio do caminho – digamos, *nel mezzo del cammin* – e aprende a transformar o obstáculo em impulso.

Pois bem: pode-se topar com uma ideia como se fosse uma pedra?

Duas, talvez.

No meu caso, lido com duas noções-chave: *poética da emulação* e *culturas shakespearianas*. Elas fornecem a base do quadro teórico que busco desenvolver.

¿Culturas Shakespearianas. Teoría Mimética y América Latina? representou o segundo passo de uma caminhada que promete ser longa; afinal, como ninguém ignora, *se hace camino al andar...*

---

[2] Trata-se do poema "No Meio do Caminho", um marco na literatura brasileira, publicado na *Revista da Antropofagia*, em 1928, e recolhido no primeiro livro do poeta, *Alguma Poesia*, em 1930.
[3] Popularidade que supõe o conhecimento parcial ou indireto de uma obra. Renato Poggioli, *The Theory of the Avant-Garde*. Cambridge, Harvard University Press, 1968, especialmente, p. 44-45.

O ponto de partida foi dado com a escrita de *Machado de Assis: Por uma Poética da Emulação*,[4] e, como o título esclarece, nesse ensaio tentei entender os procedimentos responsáveis pelo resgate, deliberadamente anacrônico, da *aemulatio* em seu sentido clássico; resgate esse ocorrido em culturas como a brasileira e a mexicana.

O emprego de uma técnica pré-romântica numa circunstância pós-romântica produz efeitos estéticos inesperados, em alguma medida fruto do próprio deslocamento temporal. Em seus melhores momentos, autores como Machado de Assis, Jorge Luis Borges y Octavio Paz traduziram essa defasagem em obras-primas.

Um resultado imprevisto da reciclagem moderna da *aemulatio*, transformada em poética da emulação, leva longe em termos de política cultural. E isso especialmente em países como o México e o Brasil, pois permite descobrir o avesso das trocas simbólicas.

A diferença entre *aemulatio* e poética da emulação é crucial.[5] A primeira remete ao modelo clássico, que supõe um metro rígido na determinação da *auctoritas* a ser inicialmente imitada e então emulada. A segunda implica uma liberdade muito maior na eleição do modelo a ser

---

[4] João Cezar de Castro Rocha, *Machado de Assis: Por uma Poética da Emulação*. Rio de Janeiro, Civilização Brasileira, 2013. Publicado em inglês pela Michigan State University Press. *Machado de Assis. Toward a Poetics of Emulation*. Michigan, 2015.
[5] O diálogo com o escritor e ensaísta Evando Nascimento, defensor de uma "estética da emulação", foi importante para o desenvolvimento de minha própria abordagem.

apropriado e, sobretudo, destaca a irreverência das formas de apropriação de toda e qualquer autoridade.

Tal sem-cerimônia, por sua vez, inaugura uma alternativa muito fecunda. No universo da *aemulatio* pouco importa receber "influências", pois sempre se parte da tradição para elaborar uma obra. No domínio da poética da emulação, o procedimento se radicaliza: o alheio é o eixo de determinação do próprio. Desse modo, o complexo de inferioridade cultural, derivado de um hipotético "atraso" em relação a um "centro" imaginário, torna-se simplesmente risível, retrato em branco e preto de uma permanência anacrônica, e, aqui, nada deliberada, do ânimo das vanguardas históricas e sua obsessão de inaugurar uma nova era – esse impulso colonizador do futuro, que flerta perigosamente com um viés autoritário. Como se houvesse alguma vantagem em confundir vida intelectual e projeto estético com uma interminável corrida de cavalos.

Passamos, você percebe, de estratégia artística à ordem da cultura, embora sigamos o mesmo roteiro.

(Roteiro, roteiro, roteiro...)

No livro que motivou as discussões aqui reunidas arrisquei esse passo por meio do trânsito de uma poética da emulação para o plano das culturas shakespearianas.

Claro, sabemos com todas as letras, e inclusive bem antes do *stade du miroir* lacaniano,[6] que o eu sempre é

---

[6] Refiro-me ao ensaio "Le stade du miroir comme formateur de la fonction du Je". Jacques Lacan, *Ecrits*. Paris, Seuil, 1966.

configurado pelo olhar do Outro. A literatura já o havia demonstrado. No fundo, a ira de Aquiles possui evidente motivação mimética, pois, ao se ver desautorizado por Agamemnon, o herói sentiu-se diminuído. A perda de Criseida importava muito menos do que descobrir-se exposto diante do olhar dos outros guerreiros!

Nesse ponto, torna-se também óbvia a importância do pensamento de René Girard na articulação do quadro teórico subjacente ao conceito de culturas shakespearianas. O sujeito mimético, na acepção girardiana, porque dominado pelo *mal ontologique*,[7] isto é, por uma precariedade constitutiva, esse sujeito demanda continuamente o concurso do outro.

(Isso mesmo: exatamente como o sujeito antropofágico oswaldiano).

Imagine-se tal dilema vivenciado no plano coletivo e não mais interdividual.[8] Daí o conceito que propus à teoria

---

[7] Trata-se de uma vacuidade propriamente estrutural, pois, sem a colaboração do outro, a interdividualidade não consegue se sustentar. Em vocabulário girardiano, esse é o *mal ontologique*. René Girard, *Mensonge Romantique et Vérité Romanesque*. Paris, Bernard Grasset, 1961, ver especialmente p. 92. [Em edição brasileira: *Mentira Romântica e Verdade Romanesca*. Trad. Lilia Ledon da Silva. São Paulo, É Realizações, 2009.]

[8] O Livro III de *Coisas Ocultas desde a Fundação do Mundo*, "Psicologia Interdividual", é dedicado ao desenvolvimento do conceito de interdividualidade como base para uma psicologia mimética. Ora, como a individualidade não define a si mesma de maneira autônoma, antes depende da interação com outros, sendo por definição *inter*subjetiva. Por isso, não se trata de "individualidade", mas de "*inter*dividualidade. René Girard, *Coisas Ocultas desde a Fundação do Mundo. Pesquisas com Guy Lefort e Jean-Michel Oughourlian*. Trad. Martha Gambini. Rio de Janeiro, Paz e Terra, 2008.

mimética: *interdividualidade coletiva*; conceito privilegiado nos debates aqui reunidos.

As pontas se atam: a poética da emulação e as culturas shakespearianas elaboram formas de lidar com a centralidade estrutural do outro – seja no perfil do interdivíduo, seja na imagem de uma cultura. Essa passagem do nível interdividual ao domínio antropológico demanda cautela. Não se trata de via de mão única, porém de um tráfego intenso, de um vaivém nem sempre ordenado.

Culturas não hegemônicas

Estamos no território das *culturas não hegemônicas*; aliás, onde me encontro nesse momento de minha reflexão – portanto, no avesso do verso.

Como resultado do aprofundamento das questões associadas aos conceitos de culturas shakespearianas e poética da emulação, fui levado a propor um terceiro termo: culturas não hegemônicas, buscando superar um duplo impasse.

De um lado, o sentido tradicionalmente atribuído às ideias de centro e periferia tende a substancializar aqueles espaços, como se qualidades intrínsecas pudessem ser atribuídas a latitudes determinadas. O dinamismo das relações históricas desmente a pretensão, pois ascensão e queda caminham juntas e a variação no exercício do poder é a única lei inalterável ao longo dos séculos. Além disso, toda região central possui áreas periféricas em seu perímetro, assim como qualquer zona periférica contém instâncias de centralidade. Impõe-se, assim, o cuidado em respeitar a complexidade do fenômeno, em lugar de domesticá-lo por meio de metáforas espaciais.

De outro, seria igualmente ingênuo considerar que todos os gatos são pardos no fluxo contínuo de corpos, dados e mercadorias no sistema-mundo em sua fase globalizada.[9] Em seu âmbito vertiginoso, a assimetria das trocas econômicas, políticas e simbólicas somente se afirma na exata medida em que se afinam suas estratégias de diferenciação, agravando a desigualdade estrutural do mundo contemporâneo.

Numa palavra, propor uma teoria abrangente em português ou em espanhol não vale o quanto pesa uma teoria similar que circule em inglês.

O desafio consiste em tornar a reflexão solidária tanto à dificuldade inédita do momento presente quanto à permanência de assimetrias que, muitas vezes, remetem a resquícios propriamente coloniais.

Eis até onde cheguei – por enquanto.

Dois novos livros, em preparo, aprofundarão aspectos aqui expostos: *Poética da Emulação* e *Desafio da Mímesis*. No primeiro, pretendo ampliar o estudo dos

---

[9] A melhor introdução ao conceito de sistema-mundo é aquela proposta por seu autor: Immanuel Wallerstein, *World-Systems Analysis: An Introduction*. Durham, North Carolina, Duke University Press, 2004. De imediato, destaque-se somente que o sistema-mundo é definido por relações transnacionais sempre mais planetárias, e, sobretudo, sempre mais assimétricas.

procedimentos definidores da *poética da emulação*, a fim de incorporar sistematicamente a experiência pictórica *novo hispana*, *locus* privilegiado para entender a sua elaboração. Em *Desafio da Mímesis* almejo resgatar a tradição dominante na formação das culturas não hegemônicas, em geral, e das culturas latino-americanas, em particular. Refiro-me a uma série importante, ainda que desigual, de reflexões sobre a mímesis e seus paradoxos. Desde as últimas décadas do século XVIII, tal dilema impôs-se como o eixo de articulação das culturas latino-americanas.

Passo a passo – a prudência recomenda.

Pois outros virão.

sobre os autores

Carlos Mendoza-Álvarez é professor da Universidad Iberoamericana (Ciudad de México) e pesquisador do Sistema Nacional de Pesquisadores de México, nível II. É "Director de la División de Humanidades y Comunicación" (Universidad Iberoamericana). Professor convidado da Pontifícia Universidade Católica do Paraná. Em 2013, foi pesquisador visitante na Universidade Fordham. Autor de 6 livros e organizador de 16 títulos. Seus livros privilegiam especialmente temas de teologia fundamental e de filosofia da religião, com destaque para *Deus liberans. La Revelación Cristiana en Diálogo con la Modernidad* (Fribourg, 1996), *Deus absconditus. Désir, Mémoire et Imagination Eschatologique. Essai de Théologie Fondamentale Postmoderne* (Paris, 2011; publicado no Brasil como *O Deus Escondido da Pós-Modernidade: Desejo, memória e imaginação escatológica.* É Realizações, 2011) e *Deus ineffabilis. Una Teología Posmoderna de la Revelación del Fin de los Tiempos* (Barcelona, 2015; É Realizações, 2016).

Emiliano Zolla Márquez possui Doutorado pela Universidade de Londres com a tese *Territorial Practices: An Anthropology of Geographic Orders and Imagination in the Sierra Mixe*. Foi editor e colaborador da revista *América Indígena*, do Instituto Indigenista Interamericano. Autor de inúmeros artigos publicados no México e no exterior. Autor, com Carlos Zolla, de *Los indígenas de México. 100 Preguntas* – livro disponível na internet: www.nacionmulticultural.unam.mx/100preguntas.

João Cezar de Castro Rocha é professor de literatura comparada da Universidade do Estado do Rio de Janeiro (UERJ) e pesquisador do CNPq. Autor de 9 livros e editor de mais de 20 títulos. Como autor publicou, entre outros, *Machado de Assis: Por uma Poética da Emulação* (Civilização Brasileira, 2013; Prêmio "Ensaio e Crítica Literária" / Academia Brasileira de Letras); ¿*Culturas Shakespearianas? Teoría Mimética y América Latina* (México/ Guadalajara: Universidad Iberoamericana/ITESO, 2014).

José Luís Jobim é professor titular da Universidade Federal Fluminense e foi professor titular da Universidade do Estado do Rio de Janeiro. Pesquisador do CNPq e Cientista do Nosso Estado (FAPERJ). Foi presidente da Associação Brasileira de Literatura Comparada e primeiro secretário da Associação Nacional de Pesquisa e Pós-Graduação em Letras e Linguística. Autor de diversos livros e inúmeros artigos publicados no Brasil e no exterior, entre os quais *Literatura e Cultura: Do Nacional ao Transnacional* (Editora da UERJ, 2013); *A Crítica Literária e os Críticos Criadores no Brasil* (Editora da UERJ / Ed. Caetés, 2012); *Sílvio Romero* (Imprensa Oficial de São Paulo / Academia Brasileira de Letras, 2012).

Mariana Méndez-Gallardo é mestra em Teologia e Mundo Contemporâneo, e em Escultura. Possui Doutorado em Filosofia. Suas áreas de pesquisa são Filosofia da Arte e Estética; Filosofia Antiga e Patrística; Filosofia da Religião e o pensamento espiritual nas Artes Visuais. É escultora e autora de diversos artigos, entre os quais "De la abstracción al arte oración" (Revista *Artes de México*, n. 115); "Estética de lo Invisible. El Estatuto de la Imagen en el Pensamiento Antiguo" (Revista *Estudios*, n. 111) e "El Arte como Presencia" em *Subjetividad y Experiencia Religiosa Posmoderna* (Universidad Iberoamericana).

Mario Roberto Solarte Rodríguez é professor da Facultad de Filosofia de la Pontificia Universidad Javeriana de Bogotá. Desenvolve pesquisas na área de Filosofia, Teoria Mimética e formas não violentas de organização comunitária. Suas publicações mais recentes: "Like a Plantation owner among his Slaves". *Universitas Philosophica*, ano 29, n. 58, p. 157-74 (Dezembro de 2012); "Hacia la Emancipación de la Violencia". *Astrolabio*: Revista Internacional de Filosofía, n. 11, 2011; "Mímesis y Noviolencia. Reflexiones desde la Investigación y la Acción". *Universitas Philosophica*, ano 27, n. 55 (Dezembro de 2010), p. 41-66.

Panagiotis Deligiannakis possui Doutorado em Letras na Facultad de Filosofía y Letras de la UNAM, tendo defendido a Tese: "Religiosidad y Lírica: Una Lectura de Friedrich Holderlin y de William Blake en la Perspectiva de dos Humanistas Griegos". Professor e pesquisador da Universidad Iberoamericana (Ciudad de México, D.F.). Seu tema atual de pesquisa abarca as vanguardas latino-americanas e o conto fantástico de Felisberto Hernández. Entre outros, autor de "Incidencia y Contingencia en la Percepción Dialéctica de El Llano en Llamas" (*El Llano en Llamas* – 60 Años: Reflexiones Multidisciplinarias, 2013).

Pedro Meira Monteiro é professor de Literatura Brasileira na Princeton University, e também Chefe do Departamento de Espanhol e Português. Autor, entre outros, de *Mário de Andrade e Sérgio Buarque de Holanda: Correspondência* (Companhia das Letras/Edusp, 2012; Prêmio "Ensaio e Crítica Literária"/Academia Brasileira de Letras, 2013), *Um Moralista nos Trópicos: O Visconde de Cairu e o Duque de La Rochefoucauld* (Boitempo, 2004). Organizador de *A Última Aula: Trânsitos da Literatura Brasileira no Estrangeiro* (Hedra/Itaú Cultural, 2015). Autor de artigos publicados em revistas acadêmicas em vários países.

Roger Magazine é professor da Universidad Iberoamericana (Ciudad de México) e pesquisador do Sistema Nacional de Pesquisadores de México, nível II. Possui Doutorado em Antropologia pela Johns Hopkins University. Autor de inúmeros artigos publicados no México e no exterior. Autor de *Golden and Blue Like my Heart. Masculinity, Youth, and Power Among Soccer Fans in Mexico City* (The University of Arizona Press, 2007); *The Village is Like a Wheel. Rethinking Cargos, Family, and Ethnicity in Highland Mexico* (The University of Arizona Press, 2012).

Silvana Rabinovich é pesquisadora Titular A de TC no Instituto de Investigaciones Filológicas de la Universidad Nacional Autónoma de México (UNAM), membro do Sistema Nacional de Pesquisadores nível II. Além de numerosos artigos e capítulos em livros publicados em diversos países, é autora de *La Biblia y el Drone. Sobre Usos y Abusos de Figuras Bíblicas en el Discurso Político de Israel* (Madrid: Iepala, 2013), *La Trace dans le Palimpseste. Lectures de Levinas* (L'Harmattan, 2003), *La Huella en el Palimpsesto. Lecturas de Levinas* (México, D.F.: UACM, 2005).

Victoria Saramago é professora no Departamento de Línguas e Literaturas Românicas na Universidade de Chicago. Concluiu seu doutorado na Universidade Stanford com uma Tese sobre materialidade e mímesis na ficção regionalista latino-americana. Entre suas publicações mais recentes, encontram-se o livro *O Duplo do Pai: O Filho e a Ficção de Cristovão Tezza* (É Realizações, 2013), e os artigos "Sertão dentro: The Backlands in Early Modern Portuguese Writings" (*Portuguese Literary and Cultural Studies*, 2014) e "Lados del Vacío: Paisaje y Forma Literaria en *Pedro Páramo* y *Grande Sertão: Veredas*" (*Semiosis*, 2013). Publicou artigos e contos em revistas acadêmicas e antologias no México, Brasil, Estados Unidos e França.

índice analítico

Aculturação, 182
Aemulatio, 81
  modus operandi
  da, 82
Altercentrismo, 21,
  88, 99
Alteridade, 35
Amor
  assimétrico, 50
Anacronismo, 148
  deliberado, 82
Antropoceno, 24, 125
  era do, 145
Antropofagia, 23, 116,
  128, 148
Antropologia
  da revelação, 180
Arquivo, 113
Ars combinatoria, 75
Assassinato
  fundador, 103
Assimetria
  em escala
  planetária, 211
Autonomia, 10
  crítica à, 21
  movimentos sociais
  de, 32
  novo modelo de, 44

Bíblia
  novidade da, 18
Bode expiatório, 71,
  73, 87, 170
  mito do, 100
Boom literário
  latino-americano, 43
Bovarismo, 121
  da cultura latino-
  americana, 121
Cardenismo, 188
Cartografia, 199
Colagem, 107
  e teoria mimética,
  107
Conhecimento
  xamânico, 168
Conversão
  ética, 54
Cosmovisão
  ocidental, 155
Creatio, 58
Crise
  de indiferenciação,
  39, 47
Cristianismo, 49, 101,
  132
  advento do, 56
  pós-moderno, 49

Cultura
  latino-americana,
  212
  não-hegemônica,
  21, 68, 115, 212
  formação das, 212
  ocidental moderna,
  167
  shakespeariana, 11,
  20, 23, 28, 34, 52,
  57, 85, 97, 112-
  13, 182
Desafio
  da mímesis, 212
Desejo
  de agir nos outros,
  164
  geometria do, 22
  mímesis do, 25
  mimético, 22, 24,
  51, 100, 148
  constante do, 41
  e apropriação, 23
  mecanismo de, 46
Doação, 43, 50
  vivência de, 38
Documentalismo, 137
Dominação
  história da, 46

Duplo
  simétrico, 19
  vínculo, 62, 64
  latino-americano,
    62, 67, 77
  latino-americano e
    méconnaissance,
    76
  noção de, 66
  radicalidade do,
    63
Emulação, 20, 105
  conceito de, 22
  de modelos
    europeus, 146
  dois níveis da, 105
  dos romances do
    século XIX, 24
  e cultura digital, 79
  exercício de, 28
  força da, 58
  processo de, 58
  produtiva, 20
  sistemática, 131
  técnica da, 81
  violenta, 136
Epistemologias
  do Sul, 28, 32, 43
Escola
  de Frankfurt, 36
  de tradutores de
    Toledo, 202
Espaço
  geopolítico, 115
Estética
  da destruição, 103
  romântica, 82
Estruturas
  sociais
  esquizofrênicas,
    67
Ética
  da libertação, 36
  originária, 35

Etnografia
  e cultura da viagem
  e dos viajantes,
    180
Excepcionalidade
  latino-americana,
    117
Exclusão
  processos de, 37,
    41, 74
  técnicas de, 12
Exílio, 197
  promessas do, 202
Exotismo, 180
Expansionismo
  colonial europeu, 45
Feedback
  negativo, 100
Feminicídio, 63
  em Ciudad Juárez,
    71
Fenomenologia
  do espírito, 102
Festas
  organização das, 158
Ficção
  poder da, 107
Filosofia
  da libertação, 36
  latino-americana,
    182
Formação
  latino-americana,
    69
Geo-história, 147
Globalização, 42
História
  forma teleológica
    de, 187
Historiografia
  latino-americana, 36
  da segunda
    metade do
    século XX, 36

Horizonte
  messiânico, 37
Humanismo
  estrutural, 70
Imigrantes, 13
  sem visto, 63
Imitação, 10, 121
  como movimento
    duplo, 108
  de modelos
    europeus, 146
  do mercado, 13
  recusar a, 92
  sacrificial, 49
  sistemática, 89,
    125, 130
Imitatio, 81
Índio
  encubrimento do,
    198
Individualidade
  cultura ocidental
    moderna de, 155
  e propriedade
    privada, 155
Infinito
  na obra de Levinas,
    37
Influência
  angústia da, 89
  produtividade da,
    89, 121
Inteligência
  da vítima, 49
Interculturalismo, 168
Interdisciplinaridade, 9
Interdividualidade,
  16, 21, 56, 60, 99,
  108, 129, 209
  coletiva, 11, 14, 19,
    46, 61, 124, 129,
    155, 169
  e duplo vínculo,
    63

índice analítico 217

latino-americana,
  15, 19, 60
  limites do
    conceito, 125
  e regionalismo, 125
Introspecção, 143
Invenção, 86
  conceito de, 20
  da América, 60, 98,
    107
  shakespeariana, 86
Inventio, 58, 81
Invisibilidade, 180
  formas da, 19
  produção de, 20
  social, 10, 16
Invisibilização
  crise social de, 13
  cultural da
    identidade latino-
    americana, 43
  de si mesmo, 49
  do outro, 15, 17,
    33, 35, 39-40
  formas da, 28
  mimética, 42
  problema da, 179
  social, 33
  do outro, 72
  narrativas de, 41
  social das culturas,
    25
  técnicas de, 12
Kenosis
  enquanto modelo
    de imitação, 49
Leitura
  geopolítica da, 113
Linguagem
  corporal, 163
Lugar
  de enunciação
    periférico, 115
Mal ontologique, 209

Marx
  leitura crítica de, 36
Massacre
  de Ayotzinapa, 15
Mecanismo
  mimético, 122
  sacrificial, 16
Méconnaissance, 16,
  22, 73, 76, 101
  da formação latino-
  americana, 74
Mediador
  presença do, 53
  presença ineludível
    do, 21
Mentira Romântica,
  25, 40, 52, 100
  da cultura
    ocidental, 25
Messianismo, 50
Mestiçagem, 74
  cultural, 34
México
  pós-revolucionário,
    191
Mímesi
  e fenômeno
    religioso, 100
Mímesis, 10, 98, 107
  caráter paradoxal
    da, 212
  como mentira
    romântica, 154
  como realidade
    prévia, 157
  como verdade
    romanesca, 154
  conceito de, 58
  de apropriação, 26
  e alteridade, 182
  e Estado, 187
  formas de enfrentar
    a, 154
  kenótica, 49

não-violenta, 72
negação da, 155
negação na
  cultura ocidental
  moderna, 177
paradoxos da, 212
positiva, 18
sem conflito, 170,
  176
teoria da, 156
viver a, 177
Monólogos
  interiores, 144
Movimento
  antissistêmico, 49
Multiculturalismo,
  168
Narrativa
  da cultura, 112
  da emancipação, 43
  da invisibilização, 21
  da reconstituição do
    tecido social, 13
  de dominação, 49
  dos invisíveis, 12
  oral, 114
  romântica, 138
Natureza
  caráter demoníaco
    da, 24
  como personagem,
    24, 126
  latino-americana
    como
    personagem, 127
Novo romance
  hispano-americano,
    123
Objetificação, 168
Olhar
  latino-americano,
    146
Ontologia
  armadilhas da, 60

Originalidade
concepção
romântica de, 81
noção de, 93
Outro
apropriação do, 146
assimilação do, 131
centralidade do, 52
encobrimento do, 45
imitação do, 194
inivizibilização do,
195
invisibilização do, 48
invisibilização
social do, 46
outro, 69, 72, 111
como bode
expiatório, 71
desprezo vitimário
pelo, 73
reconhecimento
ontológico do, 70
Paisagem
descrição da, 141
tropical, 141
da irrepresentabi-
lidade, 140
Paradoxo, 27, 39, 63,
99, 106, 181
da alteridade, 34
da identidade
latino-americana,
16, 19
da invisibilização,
200
da invisibilização
social, 195
da mímesis, 97
da negação do
outro, 48
do perdão, 48
Pensamento
antissistêmico, 44,
46-47

apocalíptico, 17,
25, 73
de libertação, 43
messiânico, 17
não hegemônico, 60
Perdão
graça do, 50
Periférico
desatualizada
ontologia do ser,
115
Perspectiva
antissistêmica, 42
Pharmakon, 47
Pintura
de castas, 74-75
Plurimimetismo, 193
e peculiar condição
ontológica, 193
Poética
da emulação, 20,
52, 80, 90, 211
e culturas
shakespearianas,
88
da escassez, 141
da negatividade, 141
Pós-colonialismo, 118
latino-americano e
caribenho, 118
Positivismo, 10, 197
Povos
originários, 13,
34, 44
práticas dos, 47
saberes dos, 45
Razão
moderna, 37
Relações
assimétricas, 115
Representação
da ação, 11
Resistência
estado de, 160

Ressentimento, 43, 47
superação do, 50
Ritualidade
secular, 186
Rivalidade, 17, 54
contágio mimético
de, 50
imitação de, 42
mecanismos de
controle da, 19
mímesis de, 40
mimética
lógica da, 49
Romance
antropofágico, 128
da seca, 141
latino-americano,
124
Sacrifício, 189
estrutura do, 101
humano, 26, 170
humano pré-
colombiano, 170
sentido do, 171
ritual, 26
Secundidade, 130
Simetria
intersubjetiva, 70
Sistema
cultural latino-
americano, 80
Sistemas
literários não
hegemônicos, 83
Sociedades
plurimiméticas, 27
Sujeito
desejo do, 110
Técnica
ilusão da, 38
Teologal
conceito de, 40
Teologia
da libertação, 40, 44

índice analítico 219

estética, 49
latino-americana, 38
pós-moderna, 41
Teoria
 girardiana, 12
Teoria mimética, 13,
 18, 21, 38, 45, 53,
 55, 67, 86, 88, 113
 conceito de ficção
  na, 57
 e circunstâncias
  latino-
  americanas, 66
 e interdividualidade
  coletiva, 105
 e violência, 65, 72
 grupo latino-
  americano
  interdisciplinar,
  13
 na América Latina,
  14
 pensar latino-
  americanamente
  a, 56
 pressupostos da, 65
 recepçãona América
  Latina, 41
Totalidade, 9
Transculturação, 92,
 118, 182
Transdisciplinaridade,
 9
Transferência
 ontológica, 175
Transnacionalismo, 211
Variação
 cultural e
  etnicidade, 168
Vasconcelismo, 186
Verdade romanesca,
 52
Violência
 coletiva, 27

contemporânea
 leitura mimética
  da, 57
 do Estado, 192
 epistêmica
  crítica à, 45
 espiral de, 100
 espiral interminável
  de, 111
 estrutural, 38, 65
 institucionalização
  da, 101
 mimética, 47
 original, 111
 purificadora e
  sacrificial, 188
 sistêmica, 50
 social na aldeia
  global, 13
 vitimária, 39
Visibilidade
 débil, 78
Vítima
 inocência da, 17
 unanimidade contra
  a, 39
Xamanismo
 ameríndio, 168
Zapatismo
 em 1994, 44

índice onomástico

Aínsa, Fernando, 134
Alatorre, Ángeles Mendieta, 126
Alison, James, 41-42
Andrade, Carlos Drummond de, 206
Andrade, Gabriel, 39
Andrade, Oswald de, 23, 69, 76, 116, 128-29
Anspach, Mark R., 61, 70
Antonello, Pierpaolo, 78
Aristóteles, 10, 98
Arrioja Días, Luiz Alberto, 191
Assman, Hugo, 38
Balthasar, Hans Urs von, 49
Balzac, Honoré de, 130
Bartra, Roger, 183
Bateson, Gregory, 63-64, 67
Beals, Ralph, 184
Betto, Frei (Carlos Alberto Libânio Christo), 38
Bloom, Harold, 89
Boff, Leonardo, 38
Borges, Jorge Luis, 91, 106, 115, 207
Brighenti, Agenor, 33
Brocos, Modesto, 77
Buarque de Holanda, Sérgio, 107, 118
Cabrera, Miguel, 75
Camões, Luís de, 83
Campanella, Tommaso, 107
Candido, Antonio, 126
Carpentier, Alejo, 91, 136
Caso, Antonio, 121
Castro, Eduardo Viveiros de, 167-68
Catulo, 89
Cervantes, Miguel de, 53, 102
Césaire, Aimé, 118
Chakrabarty, Dipesh, 147
Clavijero, Francisco Javier, 103
Codina, Víctor, 33, 40
Cohen, Hermann, 35
Corneille, Pierre, 89
Cova, Arturo, 131-32, 134
Cunha, Euclides da, 132
Cusicanqui, Silvia Rivera, 45
Cyrano de Bergerac, Hector Savinien de, 107
Dario, Ruben, 89, 117
Darwish, Mahmud, 28, 196, 198, 203
Defoe, Daniel, 84
Dehouve, Danièle, 174-75
Deligiannakis, Panagiotis, 21-22, 97
Dickey, Herbert Spencer, 62
Dostoiévski, Fiódor, 83, 102, 130
Dreyfus, Alfred, 111
Dri, Rubén, 38
Dussel, Enrique, 36, 45, 190
Eça de Queirós, José Maria, 82-83, 91

Echevarría, Roberto González, 136
Echeverria, Xabier, 16
Escamilla, Juan Manuel, 66
Eshelman, Catharine Good, 154, 165
Fanon, Frantz, 118
Faulkner, William, 91, 124
Fielding, Henry, 84
Flaubert, Gustave, 84
Freixeiro, Fábio, 143
Fuentes, Carlos, 35, 71, 123-26
Gallegos, Rómulo, 23, 124, 128, 130, 140, 147
García Márquez, Gabriel, 91, 117, 124
Garcilaso de la Vega, 89
Geertz, Clifford, 114
Girard, René, 11, 16-19, 21-23, 25, 27-28, 31, 33, 35, 38-40, 42, 54-57, 60-61, 70, 73, 78, 86-88, 98-100, 102-03, 105, 110-12, 121-22, 129, 153, 156-57, 179, 182, 193, 202, 209
Goethe, Johann Wolfgang von, 88
Gombrowicz, Witold Marian, 115
Grases, Pedro, 126
Guillén, Jaime Torres, 33
Gumbrecht, Hans Ulrich, 112
Gutiérrez, Gustavo, 37

Halevi, Yehudah, 197
Hatoum, Milton, 115
Hegel, Georg Wilhelm Friedrich, 28, 109
Heidegger, Martin, 35
Hernandez, 89
Hinkelammert, Franz, 40
Husserl, Edmund, 35
Jakobson, Roman, 103
Jesus Cristo, 17, 103
Jobim, José Luís, 9, 15, 20-21, 79
Joyce, James, 91, 124
Knight, Alan, 185
Kojève, Alexandre, 109
Kuroda, Etsuko, 184
Lacan, Jacques, 109, 208
Lamming, George, 118
Latour, Bruno, 147-48
Levinas, Emmanuel, 17, 31, 33, 35-37, 39-40, 42, 70
Lévi-Strauss, Claude, 103, 193
Leyva, Xóchitl, 45
Lins, Álvaro, 143
Lipp, Frank, 193
Lorente, David, 171, 174
Luciano, 84
Luria, Isaac, 197
Machado de Assis, Joaquim Maria, 20, 68-69, 71, 79-84, 89, 91, 94, 110, 112-16, 120, 207
Magazine, Roger, 25-26, 153, 155
Mariátegui, José Carlos, 118

Martí, José, 89, 117
Martínez, Daniel, 185-88
Marx, Karl, 36
Meléndez, Concha, 126
Méndez-Gallardo, Mariana, 9, 15, 17, 51
Mendoza-Álvarez, Carlos, 9, 15, 17, 31, 35, 39, 41-42, 45-47, 70, 73, 78, 205
Miranda, Wander Melo, 141
Molière (Jean-Baptiste Poquelin), 89
Molloy, Sylvia, 133
Monteiro, Pedro Meira, 22-23, 105, 110, 118
Mousskopf, André, 41
Nahmad, Solomon, 184
Nascimento, Evando, 207
O'Gorman, Edmundo, 60, 98, 107
Ortiz, Fernando, 92, 118
Pansters, Wil, 185
Pascal, Blaise, 110
Pascal, Pablo Iribarren, 32
Paz, Octavio, 39, 45-46, 118, 207, 209
Pereda, Carlos, 19, 66-67
Piglia, Ricardo, 68, 106, 115
Pitarch, Pedro, 167
Plauto, 86
Poggioli, Renato, 206

Porto-Gonçalves,
  Carlos Walter, 203
Proust, Marcel, 53,
  102
Rabinovich, Silvana,
  27, 195
Rahmena, Majid, 45
Rama, Ángel, 119
Ramos, Graciliano,
  23, 124, 126, 129-
  30, 141-43, 147
Retamar, Roberto
  Fernandez, 89, 91,
  118
Reyes, Alfonso, 118
Ricoeur, Paul, 10-11
Rimbaud, Jean-
  Nicolas Arthur, 108
Rivera, José Eustasio,
  23, 45, 123-24,
  130-31, 147
Robert, Jean, 45
Rocha, João Cezar de
  Castro, 11, 16-17,
  19-24, 28, 34, 43,
  46, 51-52, 54-59,
  69, 79-81, 83-90,
  92-94, 97, 102-03,
  105-10, 112-17, 119,
  121-22, 124-25,
  128-31, 146, 148,
  153, 155-56, 169,
  179, 182, 205, 207
Rodó, José Enrique,
  117
Rodríguez, Luis,
  188-91
Romero, Monsenhor,
  32
Rousseau, Jean-
  Jacques, 88
Ruiz, Samuel, 31-33
Sahagún, Bernardino
  de, 181

Salcedo, Doris, 59
Saramago, Victoria,
  23-24, 123
Sarmiento, Domingo
  Faustino, 89
Segundo, Juan Luis,
  18, 20, 37, 65, 81,
  85-86, 130, 134,
  136, 158, 198
Sêneca, 86
Senna, Homero, 110,
  129
Shakespeare, William,
  16, 20, 84-86, 114,
  116, 118, 122, 155
Silva, Clemente, 133,
  135
Smith, Benjamin, 186
Sobrino, Jon, 37
Solarte, Mario
  Roberto, 15, 39,
  72-73
Sommer, Doris, 127
Sor Juana Inés de la
  Cruz, 89
Souza Santos,
  Boaventura de, 45
Stendhal (Henri-Marie
  Beyle), 102, 130
Sterne, Laurence, 84
Susin, Luiz Carlos, 40
Swift, Jonathan, 107
Terêncio, 86
Tunga (Antônio
  José de Barros de
  Carvalho e Mello
  Mourão), 60
Ureña, Pedro
  Henriquez, 89-91,
  118
Vargas Llosa, Mario,
  62, 65
Vasconcelos, José,
  117, 186

Vattimo, Gianni, 78
Vigil, José María, 33
Virgílio, 84
Wenzel, Jennifer, 148
Wiesel, Elie, 201
Woolf, Virginia, 91,
  124
Zacatepec, Luis
  Rodríguez de,
  188-90
Zolla Márquez,
  Emiliano, 27, 179,
  193

Conheça mais um título da Biblioteca René Girard

RENÉ GIRARD
PIERPAOLO ANTONELLO
JOÃO CEZAR DE CASTRO ROCHA

EVOLUÇÃO E CONVERSÃO

DIÁLOGOS SOBRE A ORIGEM DA CULTURA

Uma das melhores introduções ao pensamento de René Girard. Numa longa entrevista conduzida por João Cezar de Castro Rocha e Pierpaolo Antonello, o filósofo francês evoca sua trajetória pessoal e intelectual, recordando o processo de amadurecimento de suas ideias. Um livro de referência para um entendimento radical do mundo contemporâneo, com ênfase para uma análise surpreendente da centralidade da violência nos primórdios da cultura.

facebook.com/erealizacoeseditora
twitter.com/erealizacoes
instagram.com/erealizacoes
youtube.com/editorae
issuu.com/editora_e
erealizacoes.com.br
atendimento@erealizacoes.com.br